謝冰瑩及其作品研究

崔 家 瑜 著

現代文學研究叢刊
文史哲出版社印行

國家圖書館出版品預行編目資料

謝冰瑩及其作品研究 / 崔家瑜著. -- 初
版. -- 臺北市：文史哲, 民 97.03
　頁： 公分（現代文學研究叢刊；32）
ISBN 957-549-768-2(平裝)

1. 謝冰瑩−傳記　2.作品研究

782.886　　　　　　　　　　97003858

現代文學研究叢刊　　　32

謝冰瑩及其作品研究

編 撰 者：崔　　　家　　　瑜
出 版 者：文 史 哲 出 版 社
　　　　　http://www.lapen.com.tw
登記證字號：行政院新聞局版臺業字 五三三七號
發 行 人：彭　　　正　　　雄
印 刷 者：文 史 哲 出 版 社
發 行 所：文 史 哲 出 版 社
　　　　　臺北市羅斯福路一段七十二巷四號
　　　　　郵政劃撥帳號：一六一八〇一七五
　　　　　電話 886-2-23511028 · 傳真 886-2-23965656
實價新臺幣二四〇元
中 華 民 國 九 十 七 年 (2008) 三 月 初 版

自　　序

　　我讀書的過程並不順遂，從二十二歲國立藝專（即國立台灣藝術大學）影劇科畢業到東吳大學中文系畢業，前後拖了二十年，等拿到碩士畢業證書，一拖又是十年。這一路過來的求學歷程其冷暖情形點滴在心，因為家境的關係，所以我都是半工半讀，其間也曾因為現實環境，幾度萌生放棄的念頭，於撰寫論文期間，又因工作調度的的不順，父母生病，後又逢父喪，若非恩師王更生先生的鼓勵督促與恩威並用，我的論文絕不可能完成。他不緊在課業上，就是在平日為人處事上，都給予我很多的教導啟發。王師不僅是我的經師、人師，更像我的父母。對他的這份恩情，除了默默的放在心上之外，希望日後能以腳踏實地做人做事及用功向學的成績來報答他。

　　《謝冰瑩及其作品研究》是我的碩士論文，這是與王師幾度磋商之後決定的論題，謝冰瑩女士生長於當時中國半封建半開放動盪不安的時代，但她以堅定不移以及奮鬥不懈的精神，打破了中國數千年重男輕女的封建觀念，爭取女子出外讀書的均等機會，爭取女子獨立的婚姻自主權，加入中國史無前例的女子從軍行列，自組戰後女子服務團等等，以上這些行為在現代女權至上的二十一世紀，或許不值得一提，但在當時封閉的社會卻是獨領風騷，引人爭議的大事。她一輩子筆耕不輟，勇於嘗試各種題材，尤其讓本人深深佩服的是她從十五歲開始寫

日記從未中斷過，堅毅有恆的精神，不僅給本人也給愛好文藝者一個值得學習的楷模，她一再強調的『真』『直』『誠』不僅是她文章的風格特色，也是她做人、處事、教學的準則。以上這些因素都是引起本人研究的興趣與動機。而她的文章通俗易懂，是五四運動提倡白話文其間，少數橫跨大陸與台灣的成名作家，在文學領域裡，有其一定之地位與價值，但卻被人忽略了。所以希望藉著本書的出版，有拋磚引玉的功能，讓更多人對謝冰瑩女士有更多的認識。

於寫作期間，適大陸湖南人文科技學院中文系副教授李夫澤先生出版了一本有關謝冰瑩先生傳記的書，即《從女兵到教授 ─ 謝冰瑩傳》，給予本人不少的靈感與啟發。另外家人的支持與包容，還有正道、曉瑞，以及寶禎、美屏也都給予本人很多鼓勵與幫助。

我的求學從國立藝專到東吳中文碩士班畢業，前後整整拖了半個甲子的歲月，人生究有多少寒暑，可任我如此蹉跎呢？因此半年前在一不預警之因緣下，毅然提前辭去東吳職場的工作，聽從內心深層清明的呼喚：定下教學、讀書、及寫作的目標，決心過一個簡單而富足的生活。

此書是我的第一本著作，聽從王師更生的建議把它印製成冊公諸於世，也算對自己階段性的求學歷程，做一個圓滿註記。由於本人生性魯鈍，才疏學淺，書中所見不及而掛一漏萬之處，定所難免，懇祈賢達先進指正，俾有進益。

崔家瑜 謹識於台北石牌靜心齋

二○○七年八月

謝冰瑩及其作品研究

目　　錄

第一章　緒　論

　　一提到謝冰瑩，馬上就會令人想起她的《從軍日記》與《女兵自傳》，謝冰瑩與女兵彷若是同一個人。也相對為她畫上了「女兵文學作家」的稱號。

　　謝冰瑩的崛起，是大時代與社會環境的風雲際會。清末民初之際，為了普遍宣揚革命思想，已經使用白話文、辦白話報，直至民國六年，胡適與陳獨秀大力鼓吹白話文運動後，「文學革命」正式向社會宣告開始。之後的中國，便籠罩在「五四運動」和「新文化運動」的改革聲浪中。受到這股新思潮激盪的影響，謝冰瑩成為「五四」時期的少數女作家中之一支健筆。

　　陳敬之在《現代文學早期的女作家》一書中說：「在早期的新文壇上，自其作家的性別而言，並不盡是男作家所獨霸的天下，尚有一些女作家活躍於其間，故能為我國女性開風氣之先，從而使得新文藝獲有一種蓬勃而迅速的發展……例如冰心、盧隱、淦女士、陳衡哲、凌淑華以及綠漪、謝冰瑩諸人，便都是此中魁楚。」[1]在其書中又說：『由於此一時代不僅是我國的「文藝復興時代」；而同時也是我國新女性打破禮教的枷鎖、衝決家庭的羅網、並進而昂首挺胸、走向社會、爭取女權和提倡男女平等的時代。正以此故，所以這些新女性自然有許多痛苦的經驗和嶄新的情感與意

1　參考陳敬之：《現代文學早期的女作家・早期的幾位女作家》（台北：成文出版社，1980 年 6 月），頁 13。

見，需要發表，需要盡情一洩以為快。恰值這時，新出版的報刊，猶如雨後春筍，相繼茁壯，於是他們從事於寫作的興趣和行動，也就隨之油然而生，躍然而起……又由於當時女性受教育的機會並不普遍，基於「趨新好奇」的心理，作品只要夠水準，合要求，不論其形式與內容如何，一概視之為難得之物與稀世之珍，從而編之讀之，唯恐不及。又別出心裁，於作者的筆名或本名之下，再加上『女士』兩字，以示與男作家有別。」[2]

由以上陳述，可知時代背景是創作不可抹殺的一個特殊因素，社會因素也是造就文學創作重要的原因。因此也就不難理解，謝冰瑩的《從軍日記》在民國十六年武漢中央日報被刊登時，所造成的轟動；更能體會當林語堂先生的英譯本同時登載時，所引起的國際興趣與肯定。

謝冰瑩的一夕成名，是因日記體式的《從軍日記》。不可諱言，這是時勢造成的。正如一些文學論著者所言：謝冰瑩是由《從軍日記》而成名，但不是因為作品價值，而是由於政治的因緣。[3]但真正令讀者對她作品感興趣，幾乎當時青年男女人手一冊，造成另一轟動的，是她於民國二十五年，由上海良友公司出版的《一個女兵的自傳》。[4]一提到「女兵謝冰瑩」，不僅在當時那個閉鎖的年代，就是至今，「女兵」也儼然變成她的另一個代號。在《女兵自傳》裏，真實記錄了一位女子的傳奇遭遇：她如何與舊式封建社會奮鬥的故事，如何對抗舊禮教，如何喚醒女性意識，做一個

2　參考陳敬之：《現代文學早期的女作家‧五四時代的女性文藝》（台北：成文出版社，1980年6月），頁8-9。
3　周錦：《中國新文學史》（台北：駱駝出版社，1976年8月），頁449。
4　此書的名稱最先是《一個女兵的自傳》，民國二十五年由上海良友圖書公司出版；後來改為《一個女性的奮鬥》，民國三十年由香港世界文化出版社出版；之後是《女兵十年》，民國三十六年由北平紅籃出版社出版；後改為《女兵自傳》，民國四十五年台北力行書局出版；現在之《女兵自傳》（增訂本），民國六十九年台北東大圖書公司出版，為最新版。

真正自由的新女性……讀之不僅使人動容，更令人欽佩。

　　謝冰瑩的傳奇遭遇，不懼艱難，勇敢無畏的奮鬥精神，令筆者興起研究她的動機。她曾說：打從娘胎出世，這世界便多了一個飽受折磨的女人。並說：命運對我是殘酷的，我從少年時代就開始嘗到人生的痛苦滋味；一直到老，整天脫離不開「窮」，「忙」，「病」，「苦」。[5]縱然如此，這一位自稱女兵的戰士，飽受折磨的女人，卻為她的生命譜出的是一首炫麗的樂章。謝冰瑩真真實實的過她的每一個日子，把她的所思、所想，忠實的記在她的日記本上，她從十五歲開始寫日記，沒有斷過一天，她認為這在寫作上是一批不少的財富。

　　的確，寫作與謝冰瑩的生命是一體不分的，日記也確實是它累積寫作的一大批財富。從她民前五年（1906）出生，直至民國八十九年（2000），九十五歲辭世，她留下了一千餘萬言，七十餘種的著作；有散文、有小說、有傳記、有遊記、有報告文學、有兒童文學、有佛教文學等等。可知其著作豐富，體裁多樣。

　　然令筆者所不解的是：一個在現在文學史上擁有被肯定地位，且著作豐盈的作家，研究其人其文的專著竟然不多。

　　據謝冰瑩《女兵自傳新序》所敘，曾有美國的白鴿小姐 Magrate 和法國的馬可琳小姐 MIIE Corinne Marcelu，以研究《女兵自傳》，獲得碩士學位[6]；在台灣研究謝冰瑩的單篇文章或許是有一些，但

5　謝冰瑩：《愛晚亭》，（台北：三民書局，1988 年 1 月 15 版），頁 197。
6　根據謝冰瑩《女兵自傳新序》裡所言：「美國的白鴿小姐 Magrate 和法國的馬可琳小姐 MIIE C・rinne Marcel，以研究本書，獲得碩士學位……法國的侯芝明女士 Marie H・lzman 已將本書，譯為法文；傅燦德先生 Manfred W・Fruehanf 譯為德文……至於本書在韓國，更獲得廣大讀者的謬愛，除了宋志英先生的譯本外，還有金光洲先生的譯本，列為世界名著十九種，李益成先生的譯本，列為世界名著二十三種；日譯本也有至種版本，譯者為德川坂子女士、中山樵夫先生……等。」謝冰瑩：《女兵自傳》（台北：東大圖書，1992 年 9 月 3 版）。

真正深研的專著卻沒有；而在大陸，直至 2004 年，才有第一本，由李夫澤先生所撰寫的《從「女兵」到教授─謝冰瑩傳》問世；因此對謝冰瑩的研究，可說仍是一塊等待開發的處女地。

　　基於此，在此篇論文裡筆者準備要研究的，不僅針對其人，也想一探其文；期許能將其傳奇、坎坷、豐富的一生，忠實的呈現給讀者；將其不論在任何艱困的環境下，始終如一，秉持著一顆奮鬥不懈的堅毅精神，呈現給讀者；將其不論處在任何情況下，終其一生筆耕不輟的寫作精神，及其寫實、無華、質樸的作品，介紹給讀者；希望由以上的引領，能讓讀者對謝冰瑩有一個較具體的認知。

　　此篇論文，所用的資料有三方面：其一，主要採用作者於民國三十七年由大陸應聘來台定居、講學後，發行成書的所有作品[7]；其二，輔以 1990 年安徽文藝出版社出版之《謝冰瑩文集上、中、下》三冊文本；其三，再參酌台灣與大陸發表有關謝冰瑩的一些單篇論文。

　　本篇論文的研究範圍與方法：首先是緒論，闡述撰寫本篇論文的動機，使用之材料；第二章至第四章，從作者的外圍條件：所處之時代背景、家庭背景、生平事蹟及其交友狀況，逐一深入介紹，因為這些都是構成作者人格思想、及其作品形成的重要因素；第五章，將作者的所有作品作一全面性的解說；第六章至第七章，將其作品的思想風格特色及其寫作技巧，深入分析探討；第八章結論，並予作者一個適當之評價。

---

7 謝冰瑩所有作品，皆由台北東大圖書股份有限公司三民書局出版印製成書；本論文所採資料大皆據此而來。

第二章　謝冰瑩所處的時代背景

　　任何一個作家的作品，其創作都離不開時代背景與個人經歷的影響。因此瞭解作家所處的時代背景，以及家庭背景；方能進入作家的世界，進而對其作品作深入探討。本章擬以冰瑩清光緒三十二年（1906）出生至民國三十七年（1948）來台的這段期間，所處的環境，與其切身相關所發生的一些大事，試作探討，以期對作者生命歷程及其作品的產生更為瞭解。

第一節　動盪不安的政治環境

　　清代末年，各帝國主義不斷的侵略，加上滿清政府的腐敗無能，為發生革命的主因。國父孫中山先生，生於清同治五年（1866），在其幼年時代即下定拯救中國的決心。辛亥武昌革命，不僅顛覆了統治中國二百餘年的滿清政府，而且推翻了中國歷史上四千六百餘年的封建政治。但由於革命黨人的政治認識不夠，以為革命已經成功，不知國父所倡導之三民主義的目的，一方面要打倒帝國主義，一方面要實現共和政治，改善人民生活。所以辛亥革命後，僅有一個民國的空招牌，反動勢力日漸抬頭，內部加速分裂，並勾結帝國主義，出賣民族。龐大的北洋勢力，是軍閥專政之始。當時皖系段祺瑞，投靠日本，並藉民國六年溥儀復

辟事件，掌握北京政權；直系馮國璋依附英美；奉系張作霖亦受制於日本；他們毫無顧忌，為所欲為，北方混亂形勢可想而知；南方軍政府因黨人步調不一致，於是有民國十一年（1922）的陳炯明軍變。幸而當時蔣中正辦理陸軍軍官學校於黃埔，訓練黨軍，使每一位幹部瞭解革命主義，先後擊潰陳炯明及其他叛軍，國父孫中山一心救國，積勞成疾，於民國十四年（1925）三月十二日病逝於北平，先總統蔣公本其遺志，繼續進行革命運動，並於民國十六年（1927）完成清黨，民國十七年（1928）十二月，北伐終告完成。在長期軍閥割據下的中國，至此得到初步的統一。

　　國內雖得到暫時的統一，然而列強的侵略，始終不曾停歇過，尤其是日本對我國的覬覦更是迫近。要想瞭解謝冰瑩，不得不瞭解日本侵略我國所發生的幾件歷史事件，如民國四年的「五九國恥」、民國二十年（1931）的東北「九一八事變」、民國二十一年（1932）的上海「一二八事變」、以及民國二十六年全民對日的抗戰；以下就這些侵略歷史事件，做一概要陳述：

　　（一）、「五九國恥」及「五四運動」：早在甲午戰爭時，日本便欲佔據山東，作為侵華的據點。當時民國雖已建立，但袁世凱仍有稱帝的野心，日本窺知袁世凱陰謀帝制，遂利用此一時機，於民國四年（1915）一月十八日，向中國提出二十一條件，迫令袁氏承認。帝制為多數人反對，於是各地有討袁的行動。然這項要求卻先後得到英、法、俄、義諸國的同意，此一事件與其說是列強受騙於日本，不如說各國有意犧牲中國，以達與日本妥協的目的，國際間往來的現實與黑暗面，由此事件得到證明。日本於五月七日以最後通牒，限我國於四十八小時內答覆，否則即採必要手段，袁世凱竟於五月九日答覆日本，除第五號各條容日後協商外，其餘都承認，並於五月二十五日再開會議，正式簽訂中日

協約，這是中國歷史上罕見的大恥辱，此即為有名之「五九國恥」日由來。由此事件，埋下「五四運動」的種子，民國八年（1919）五月四日，北平各中等以上學校的學生數千人，舉行愛國示威運動，以「外爭國權，內除國賊」為口號，要求收回山東權益，取消二十一條件。由於「五四運動」得到全國響應，中國因而也得到多方面的受益：一、它喚起民眾愛國救國的熱情，二、民主政治得到提倡，三、推翻舊的封建文化與奴隸思想，建立新文化的準備，四、提倡以語體文代替文言文，使民眾都能閱讀，對普及教育有很大貢獻、五、提倡科學化，把社會上不科學的習性，給予改正。這次運動無疑有它的正面評價。

　　（二）、「九一八事變」：日本對侵略我國，為其既定之國策。民國二十年（1931）九月十八日，日本軍隊突然攻擊我瀋陽兵工廠，瀋陽失守，長春各城亦同時陷落。這次事變，是日本處心積慮征服中國大陸計畫的開始。九一八事變所以發生，除日本想奪取我國東三省之外，另尚有三個原因：其一，民國十八年（1929）發生世界經濟恐慌，威脅到全世界，日本在經濟上本是一先天不足的國家，財政危機、社會危機，一時均無法克服，為應付此危機，只好轉以對外發展；其二，第一次世界大戰後，國際各列強間矛盾日益加深，英、美、日三國在遠東的市場爭奪，逐步進入高潮，日本在經濟上不能與英、美抗衡，勢又不能向英、美屈服，唯一的出路，是以武力推翻遠東的均衡形勢，為了達到此一目的，我國遂變成其囊中物；其三，國民革命軍北伐以後，中國境內未能迅速統一，加以連年戰爭，國力消耗，國家元氣斲傷，遂給日本軍閥可乘之機。九一八事變發生，我東三省民眾激於愛國熱忱，紛紛組織義勇軍，起而抗日。這種出於自動的民眾愛國運動，曾給日本人很大的打擊。

　　（三）、上海「一二八事變」：自日本對我國發動侵略戰爭之後，我國人民抗日情緒甚為高昂。日本為圖謀久佔我東北計，轉移我國國民抗日的目標，乃擾亂沿海各省。上海「一二八事變」起因於日人要求我方取締愛國運動，並提出四項無理要求，上海市長吳鐵城多方忍辱遷就，仍未獲得日人的滿意。於民國二十一年（1932）一月二十八日晚，日本駐滬陸戰隊，突向我閘北進襲，我軍在忍無可忍下，乃發動了保衛上海的神聖戰爭。戰事歷時四個月，旋由英、法、美三國公使調停，協訂停戰，雙方撤兵，一二八淞滬戰爭乃告結束。此一戰役，我國奮勇禦敵的精神，為世界各國所認識，得到國際間的同情，寫下一頁偉大而英勇的抗敵戰史，顯出異樣光彩。

　　（四）、抗日戰爭爆發：由於日本對華侵略，我方人民對日本早就心存不滿。民國二十四年（1935）的冬天，日本為使華北脫離中央的統治，結果製造出一個冀東偽政權，此時華北民眾反日情緒已日見高昂，接著於二十五年（1936）冬天，日軍進攻綏遠，遭到中國軍隊堅強的抵抗，更堅定中國抗戰的信心，民國二十五年（1936）十二月十二日西安事變發生，蔣委員長脫險回京，日本大為驚異，民國二十六年（1937）七月七日蘆溝橋事變，中日兩國戰事一觸即發，引發全國抗戰的決心。蔣委員長在廬山發表一篇極有歷史意義的談話，其要點：「要我全國國民有犧牲到底的決心，因我國過去數年，不惜委屈忍辱，對外保持和平，然由於別人處心積慮謀我之亟，和平已非輕易可得，換言之，人為刀俎，我為魚肉，於今我國已面臨最悲慘的境地，所以蘆溝橋事件，是關係中國的命運。我們的立場，不得侵害中國主權與領土之完整，

放棄尺寸土地與主權，便是中華民族千古的罪人。」[1]由於我方對日抗戰的決心，掀起全國人民抗日救國的高潮。抗戰一開始，全國有血性的國民，尤其是青年男女們，如潮水似的湧向大後方，溶入抗戰洪流。全國同胞在蔣委員長的帶領下，與日做殊死戰，終於在三十四年（1945）八月十日，日本宣告投降，獲得全面勝利。

回顧冰瑩女士所處的時代，實在是一篇血淚交織的寫照。清朝滅亡，民國建立，內有軍閥割據干政，外有列強帝國侵略；後雖北伐完成，抗日勝利，但國內並未得到真正統一，反予列強一可乘之機，對我民族進行顛覆及破壞。由於混亂動盪不安的政治局勢，社會、經濟、教育、思想文化等方面，直接間接都會受到影響，這是無庸置疑的。以下就這些方面做一陳述：

第二節　轉變整合的社會現實

十九世紀後半期，由於來自兩股力量，一股來自西方列強的侵略，另一來自中國社會內部群眾力量的興起，中國過去兩千年長期傳統社會結構，發生轉變重組。在結構方面，仕紳階層的勢力日漸衰減，而平民階層的上升管道增多，可藉讀書應試求取功名富貴，社會組成的分子和利益，也日趨多元分岐，傳統的體製架構已無法統合轉變的社會，專制的政體，也面臨崩潰局面。

二十世紀，一波波的學生、婦女、勞工、農民運動隨之而起，刻劃著時代的主題，崛起於新興的社會，成為一股不可忽視的力

---

1 參考張效乾：《近代中國史》（台北：華夏文化出版社，1960 年 9 月），頁173-174。

量。茲舉例說明如下：

　　（一）學生運動：清廷於光緒三十一年（1905）正式廢止科舉取士制度，新式學校紛紛設立，教育方式和內容日趨多元化，受教人數激增，學生是羣眾的菁英，具有理想富正義感，對反抗強權侵略，督促政府改革，以及激發民眾愛國心，具有正面的促進和影響。如在辛亥革命中，有不少留學生和國內學生參與；民國四年　（1915）日本向中國提出的「二十一條要求」激起北大學生的憤慨，倡議抵制日貨；民國八年（1919）的「五四運動」更是引起全國學生的注意，這些運動都引起了正面且積極的效果。（二）婦女運動：中國女權低落，係由封建社會長期累積演變而來。因受西潮衝擊，開始覺醒，已認知爭取參政權利、婚姻自由、鼓吹男女平等的重要，國人也開始提倡廢纏足、興女學。進入到二十世紀，興起的服務業，為女性提供了大量就業機會，也由於日益開放的教育，使女性競爭力不弱於男性，起而爭取應得的權利。（三）工人運動：二十世紀，隨著工業化的發展，工人數量也驟增，工會組織紛紛成立，工運日漸興起；最初工人關切的是自身工作的條件的提升，慢慢的其關懷面擴及影響到大環境的政經結構，試圖用有組織的罷工行動，來解決民生的根本問題，所以在各種羣眾運動中，工運可能是最危險的一項。但適度的工運，如民國四年（1915）日本向我國提出的「二十一條要求」，引起工人大舉示威，表達出強烈的愛國心；又於五四運動中，工人受學運的影響，民族意識更為增加。（四）農民運動：中國以農立國，農業人口向來佔總人口的最大比例，一般而言，農民大都謹守本份，除非三餐不繼，否則甚少主動集體武力抗爭。清末民初，戰禍頻仍，部分地區農村經濟破產，有農民參加武裝的團體，但仍係傳統的組織和訴求。（五）學界社會的改良運動：學者們體認

到造成中國近代社會落後的原因雖多而雜，咸認為最大的癥結莫過於貧窮廣大的鄉村。因此提出不少改造方案，民初鄉村建設運動蔚然成風；最為代表的，以民國十五年（1926）晏陽初負責的在河北定縣進行的鄉村建設活動—「中華平民教育促進總會」（簡稱「平教會」），研究人員針對鄉村存在的四大病端—愚、貧、弱、私擬定文藝、生計、衛生、公民四大教育對症下藥，「平教會」在定縣的建設，成效卓著，直到抗戰發生，河北淪陷，才告一段落。

（六）官方的社會教育運動：於民國二十三年（1934）二月，先總統蔣中正在南昌發起的「新生活運動」[2]，是一次大規模的社會改造運動。該運動所倡導的軍事化生活，對後來抗戰時的團結和動員，有一定的影響，但社會風氣的改良，並非短時間一蹴可成，所以收效有限。

　　抗戰爆發，中國社會遭逢劇變，當時新秩序尚未建立，尤其是半傳統社會之結構無法承載社會之負擔，使得社會結構搖搖欲墜。及至抗戰結束，各項社會後遺症逐一爆發出來，影響最深遠的，就是仕紳階層的崩解，使得共軍乃得在鄉間暢行無阻，進而以鄉村包圍城市，鯨吞蠶食，終至席捲整個大陸。[3]

　　綜合以上之陳述，可知社會的結構是隨著大時代演進、變遷

---

2 此一運動，係當時軍事委員會委員長蔣中正，自己擔任會長，於民國二十三年二月十九日在南昌行營發起，在南昌成立新生活運動促進會。就新生活運動的主旨和內容而言，是一項國民精神與生活的改造運動，也是一項深入而普遍的社會改革運動，更可以說是一項結合民族文化與新時代生活規範的文化建設運動。其主旨在使民族道德復興、國民生活不變，以禮、義、廉、恥為基本原則，以軍事化、生產化、藝術化為中心目標，以「昨死今生」的精神和決心，滌除舊染惡習，實踐合乎禮、義、廉、恥之規範的新生活，以達到整齊、清潔、簡單、樸素、迅速、確實的境界。新生活運動由個人到團體，由家庭到社會、學校、軍隊及官署，均普遍推行。二十六年七月中日戰爭爆發後，日本首相阿部信行曾指出：戰前中國有三件不可輕易看過的大事，那就是整理財政、建設軍備和推行新生活運動。參考李雲漢：《中國近代史》（台北，三民書局，1984年），頁509。

3 本節所陳述之文字，概參考段昌國、林滿紅、吳振漢、蔡相煇：《現代化與近代中國的變遷》第五章(社會整合與轉變)，（台北：國立空中大學，2004年12月初版7刷），頁102-121。

的，而這種趨勢又與整體歷史進程有著密切關係；冰瑩身處於清末民初大時代的轉折，後又歷經來台任教，晚年更寄寓在異鄉，不置可否，社會變遷整合的衝擊，或多或少一定會影響到作家的思維，例如其《從軍日記》為中國有史以來第一次婦女參加從軍所寫的作品；《女兵自傳》詳述婦女爭取受教育、推翻封建爭取婚姻自由……內容詳盡描述一個女子在大時代社會轉變中奮鬥的歷程；從其作品所呈現社會的現實面，具體的呈在文字中。

第三節　發展失衡的經濟狀況

　　若論中國近代經濟發展的歷程，外交與內政背景與之有著密切不可分的關係。清廷自甲午光緒二十年（1894）戰敗後，有識之士，就已意識到改革必須深入到制度層面，當時政治方面，變法呼聲日漲，而要國家強盛，經濟的發展與改革是刻不容緩的事情。

　　在清咸豐十年（1860 年代）的「自強運動」，清政府本身開始推動現代化工業，中國傳統的經濟結構才有了顯著改觀，清咸豐十年至清光緒二十一年間（1860～1895）大致可被視為經濟現代化的第一期，當時經濟追求的目標是富強，本節將針對冰瑩清光緒三十二年（1906）出生到其民國三十七年（1948）來台這段期間，就當時的經濟發展狀況作一概況的陳述。以下將分三個時期來陳述：首先要談的是清光緒二十一年至民國十七年（1895～1928）清末民初至北伐，可視為中國經濟現代化的第二段時期；接著要談的是民國十七年至民國二十六年（1928～1937）國家完成統一至抗戰的訓政時期的經濟發展；最後要談的是民國二十六

年至民國三十八年（1937～1949）抗戰及戰後時期。

　　首先談到清光緒二十一年至民國十七年（1895～1928）清末民初至北伐時期，經濟發展狀況：此時期，由於民國肇建各項經濟改革措施的推行，民營企業得到法律、制度上的鼓勵、保障，隨即開始蓬勃發展。不少資本家得到激勵，大舉投資產業，原來享有專利的官辦或官商合辦的企業，不能再壟斷，予新興民營企業發展之機。譬如新式銀行的崛起，使中國金融業現代化因而邁出一大步。其中又以資金、技術問題較易克服的輕工業表現最佳，民生工業的重要性漸超過國防工業，至民國九年（1920 年代後期），工業生產的消費品已佔總產值的 40%，同時段，礦產和鋼鐵工業所佔的比重卻逐年降低。在中國二十世紀前期，由於中國自己內部改良，再加上外在國際形勢轉變，歐州列強的混戰，因此中國新式工商業展現出前所未有的榮景，創造出較有利的經濟現代化環境。不過因為仍潛藏著一些危機，在這種盛況下使得經濟並不能大力推展：首先，清末民初中央政局一直不夠穩定，加之地方割據力量相當龐大，使得工商業投資風險過高，不易發展出全國性的大企業；其次，現代化工商業大都仍舊集中於沿海和長江流域的口岸商埠，使得沿海和內陸地區的經濟狀況呈現很大的落差，造成未來經濟發展的一大隱憂；第三，此期間工業發展仍以輕工業為主，雖然中國盛產鎢、錳、鉛、鋅等礦，由於本國缺乏冶鍊能力，因此造成鋼鐵業的不發達；最後，由於國內工業技術發展仍有瓶頸，無法生產出高級產品，難與舶來品抗衡。因此，民國七年（1918）世界大戰後，當時中國的一些產業，難與進口貨匹敵，因此又步入了衰運。

　　其次談到民國十七年至民國二十六年（1928～1937）訓政時期的經濟發展狀況：民國十七年（1928）北伐完成，全國體制得

到統一，直到民國二十六年（1937）抗戰爆發為止，共歷時十年，經濟發展也進入到一個新的時期。此段時期經濟發展的特色是政府強力主導，國營事業增加，側重工業發展，對外爭取國際貿易平等互惠，對內力求經濟組織步調統一。首先是實行關稅自主：北伐後的中國內部仍有強大的地方派系，但訓政時期的國民政府比之民初的北洋政府，有著更大的中央集權企圖心，對外國經濟侵略也有更強烈的民族主義反應。在民國十七年（1928）九月，國民政府便昭告列強，中國已是統一國家，有管理本國關稅之能力，於次年二月起，實行關稅自主，向列強國家英、美、法等國談判，協訂新約，爭取關稅自主權，此舉對財政收入及保障民族之工業發展影響甚鉅。同年，國府設立建設委員會，統籌全國經濟建設事項，致力於國家建設；又設實業、鐵道等單位，專主發展經濟事務；在研發機構方面，中央設有資源委員會、地質調查所單位，負責工礦業的調整和人力培育；又設置農村復興委員會、農業試驗所等單位，從事農業改革和增產的活動；民國二十六年（1937），國府還擬定五年經濟計畫，投入四億多元，改善國內金融、交通、農工等環境；值得一提的是，在各項經濟改革措施中，最具代表性，同時也最具成效的，要屬法幣改革。在民國十九年（1930 年代），世界各國面臨經濟不景氣，金融秩序大亂，中國於此時，白銀大量外流，通貨緊縮，工商業前景黯淡，國府財政部於民國二十四年（1935）十一月三日，公告實施法幣政策，規定自即日起，只有中央、中國、交通三銀行發行之鈔票為法幣，民間一切款項之支付，概用法幣，不得使用現銀，違者沒收。此一改革，初步達成國家金融的統一，有助地方勢力的消溶；其二，由於貨幣由政府集中準備，如遇擠兌狀況，政府可靈活調度，度過難關；其三，白銀國有，不再受國際銀行漲跌左右，維護經濟

穩定發展，由於法幣改革的適時推行，使得一年後抗戰爆發時，政府能有較佳的經濟力量和金融基礎，撐過長達八年的抗戰。自民國十七年至民國二十六年（1928～1937）十年間國府雖在內憂外患的惡劣環境下，推動國家經濟建設的奮發精神，是值得肯定的。可惜的是，仍不能扭轉清末以來內陸與沿海地區不平衡的狀況，由於此嚴重失衡的現象，給予共產黨在內陸落後的農村有了發展空間。

　　最後要談到民國二十六年至民國三十八年（1937～1949）抗戰及戰後時期的經濟發展狀況：當抗戰爆發時，中國的工商業只能算是半現代化，而農業則幾乎完全尚未現代化，以如此薄弱的經濟實力，卻要承受日本一個已是現代化國家長達八年的侵略，其艱困情形可想而知。在抗戰初期，民國二十七年（1938）底，中國已喪失了三分之一的國土，同時日軍還封鎖了我國海運交通，並佔據大多數的鐵路，國府在經濟嚴重受創之餘，加上從淪陷區湧入大後方的大批難民，國府財政負擔越來越重，面對如此財政困境，政府只有用增加法幣發行額來彌補財政虧空。民國二十六年（1937）年六月至民國二十八年（1939）十二月，鈔票發行數量增加約三倍，同期大後方物價也上漲約三倍，進口物品價格更上升達十倍之多，所幸民國二十七年至民國二十八年（1938～1939）四川農業大豐收，使得政府渡過了艱苦的抗戰初期。民國二十九年至民國三十年（1940～1941）可視為抗戰中期，此時儘管戰況暫呈膠著，但大後方的經濟狀況卻因下列因素益趨惡化，首先是中國農業普遍欠收，估計較往年減產約 20%，食品價格因而猛漲，造成十分嚴重的衝擊；其次，因國府大舉徵兵，一方面增加了糧餉的需求，一方面又減少了農村勞動力；第三，民國二十九年（1940）日本迫使法、英兩國關閉滇越鐵路和

滇緬公路，中國鐵路對外聯絡線也被截斷，許多抗戰初期遷至大後方的工業設備因而停止生產，同時，進入後方的商品也消耗殆盡，更加深了商品供給不足的窘況，在民國二十八年至民國三十年（1939～1941）兩年間，後方物價上漲近七倍，囤積居奇，開始蔓延，面對整體經濟日益惡化的情況，國府決定採取管制措施。於民國三十年（1941）六月國府採行「田賦徵實辦法」，田賦由徵收貨幣改為徵收實物，以確保軍糧無缺，且防止糧食轉賣投機行為。政府且從民國二十九年（1940）八月起，逐步管制國家銀行和私營銀行的貸款業務，以免信用擴張，助長投機炒作之風。不過政府的努力，因未嚴格執行，或因短期之內不易見到成效，一時之間尚無補大局。民國三十一年（1942）起，抗戰進入到最後階段，大後方的經濟也被拖累到殘破不堪的地步。從民國三十年（1941）　十二月到民國三十四年（1945）六月，政府財政赤字與物價，同時期二者都增加了九倍，政府不得不對物資實施直接控制，在部分重要城市對少數民生物品採行限制政策，由政府購買、銷售。抗戰末期，民間投機風氣、悲觀心理、不滿情緒都在慢慢滋長，對國府的治權實是一大警訊。抗戰勝利，全國籠罩在一片歡欣的氣氛下，全國物價下跌，貨物也大量湧現於市場，國府也過度樂觀的解除暫時經濟管制措施。然實際的經濟大勢卻不容樂觀，農業、工業經長期戰爭的摧殘，一時之間，欲振乏力；全國交通也受到嚴重破壞，影響復建計畫推行，而乘機坐大的中共，此時已蠢蠢欲動，大規模內戰迫在眉睫，果然，民國三十四年（1945）物價再度向上攀升，各項復建工作困難重重，對淪陷區的接收工作，更是一大敗筆。而國府在此時，宣布淪陷區使用的「偽政府」貨幣，須於四個月內以二百比一的比率，兌換成法幣，導致民眾大量採購物資，通貨膨脹情形益加嚴重。民國三十

六年（1947）是國府在軍事上和經濟上逆轉的關鍵時期，由於軍費暴增，該年鈔票發行量增加十倍，再加上貿易逆差、資金外流等因素，同年十二月份物價上漲較上年同期上漲十五倍，國府不得不採取嚴格的經濟管制措施，尤以上海為管制重點，於民國三十七年（1948）八月，國府雖廢止法幣，另推行金元券，企圖用強制執行限價政策，遏止通貨膨脹，但最後仍不免於軍事挫敗和通貨膨脹惡性循環下，受到失敗影響，退居台灣，反之共黨坐收漁翁之利，竊據大陸。[4]

　　由以上之敘述，不難發現經濟實攸關一國之政治、外交、軍事、社會的進步與發展。國府在退守台灣後，厲行實施計畫經濟，在政府戮力下，人民生活富足，國家也邁向一片光明之景象。近年大陸也不遺餘力於經濟的開發，國際的地位因經濟的起飛，更受到重視。不論時空的轉換，經濟在一國之發展，實佔著不可忽視的重要因素。

第四節　改進革新的教育文化

　　十九世紀中葉以後，清廷雖已感到學術知識不及西洋，但仍不圖調整教育制度。清末的教育改革制度，有其畫時代的意義。過去的科舉制度，與八股考試，均於此告終。民國初建，政府和民間有心致力於教育事業的發展。學科的種類與內容大為擴充；學制體系有所變動，學堂一律改稱學校，學部改為教育部；學校、學生人數激增，只是質、量難符；合格師資亦不足；女子教育仍

---

4 本節所陳述之文字，概參考段昌國、林滿紅、吳振漢、蔡相輝：《現代化與近代中國的變遷》第四章〈經濟組織與發展〉，頁 78-96。

未步上正軌；留學風氣大開，卻素質不齊；以上均暴露教育現代化初期發展不均衡的通病。北伐後的十年間，國民政府加速推動教育現代化，成效卓著。民國二十六年（1937）在抗戰爆發的時局中，教育很難做到質與量的同時提振，然值得一提的是，在民國二十九年（1940），教育部公布，普遍推行失學民眾補習教育，成效卓著，使全體國民都能受到基礎教育薰陶。教育部在大後方廣設國立中學，收容流亡學生，一切公費，使其安心學業。為培訓社會教育人才，陸續開設各種訓練班，又極力開展電化教育，在戰爭期間，實屬難能可貴。

　　清末，受到西學薰陶，西化潮流勢已難遏。民初各種學術、文化團體紛紛成立，傳播各類新知，發起各種活動，一時思潮澎湃。較著名的幾個團體，如鄭振鐸等人在北京籌設之「文學研究社」、梁啟超等人成立之「共學社」，及「中國科學社」、「新民學會」、《科學雜誌》等團體，對引介新知皆有貢獻。一些西方的新思想如自由主義、社會主義、虛無主義，此時期也紛紛引進。相對的，批判傳統思想的行動，也在熱烈的展開中，許多新文化運動支持者，都視傳統思想、文化是阻礙中國現代化的絆腳石。陳獨秀在《新青年》上撰文強調儒家思想已不符合時代需求，吳虞更將中國當時的落後狀況全歸罪於儒家思想；也有持中庸態度的知識分子，認為新文化運動者持論太偏，起而為傳統文化的優良加以闡釋，對後來「新儒學」之開展頗有影響。民初文學思想，一片生氣蓬勃，成效最為顯著的是「新文學運動」，新文學的主要發起者為胡適與陳獨秀等，民國六年，胡適在《新青年》發表其〈文學改良芻議〉，提出：「須言之有物，不摹仿古人，須講求文法，不作無病呻吟，務去爛調套語，不用典，不講對仗，不避俗

字俗語」八項原則[5]；接著，陳獨秀亦發表其〈文學革命論〉，主張建設：「平易的、抒情的國民文學，新鮮的、立誠的寫實文學，明嘹的、通俗的社會文學」[6]；民國七年，《新青年》開始用白話文編排。新文學的運動，使傳統與現代的文學被分割成兩段，文學革命取代了文學改良的原意。文學革命所強調的不僅是白話取代文言的文字變革，也重視文學題材和內涵的突破。胡適更建議現代文學作家，寫作對象應包括工廠之男女工人等社會大眾，關懷面也應觸及到社會黑暗面。北伐後，國共兩面均已意識到思想宣傳和動員群眾的重要性，國民政府發起「新生活運動」，積極展開文化建設，呼應軍政整合的行動。抗戰期間，知識界，不少學者思想開始左傾；文學界，表現的相當團結，致力於文學救國，用文字表示全民同仇敵愾之心，甚至編寫劇本，以話劇方式，傳播愛國思想。

由以上之陳述，可詳知謝冰瑩所處的是一個政治局勢動亂變遷的時代，她出生時，清朝國勢已岌岌可危，國內有軍閥割據，革命運動尚未完成，外有列強的侵略；民國雖建立，然戰事連連，災荒頻仍，民生艱困；社會面臨整合、中西文化相互衝擊、新思維充斥；在內憂外患衝擊下，可想而知當時環境是多麼險峻惡劣。作者身處如此混沌大時代，將其所感、所觸、所思訴諸文字創作，她的成名作品《從軍日記》、《女兵自傳》即是大時代環境下的產物，《文心雕龍·時序篇》開宗明義即云：「時運交移，質文代變……」[7]為大時代文學作品作了最貼切的詮釋。

---

5 李雲漢：《中國近代史》（台北：三民書局，1995年8月6版），頁351。
6 同上註，頁352。
7 王師更生：《文心雕龍讀本》，（台北：文史哲出版社，1991年初版4刷），頁269。

第五節　平靜鄉居的家庭生活

　　冰瑩父親名裔勳，為顯康先生之獨子，她的曾祖父家中有兄弟六人，顯康居次，家中貧苦異常，無隔宿之糧。祖父家為佃農，她的父親從小愛看書，某次放牛帶書去看，牛吃了鄰家的禾苗，被祖父以竹枝鞭打，經父親及祖母跪地求情始免。冰瑩父親生性聰敏，凡書過目不忘，參加鄉試，得光緒十七年辛卯科（1891）副貢（一名舉人），榜名玉芝，字錫林，又號石鄰，老年自號「手拙老人」。

　　冰瑩父親生於清同治元年壬戌（1862），曾歷任新化、資江、武岡、觀瀾、東安、紫溪、邵陽、圖南各書院山長，新化勸學所所長，新化縣立中學校長二十七年，桃李遍三湘，治學嚴謹，誨人以德，有口皆碑。歿於民國三十一年（1942），享年八十一歲，與其母合葬於塘沖。

　　冰瑩父親著作，已出版部份有：《覆瓿文存》初、二、三集二十餘卷、《修身教科書》十卷、《國文教科書》二十餘卷；已成書者有：《水經注地理今釋》四十卷、《資治通鑑地理今釋》若干卷、《五史記事本末地理今釋》若干卷、《史記、前後漢書、三國誌地理今釋》若干卷；尚有未出版及詩稿甚多。

　　在冰瑩心目中，父親是一位如沐春風的諄諄長者，也是她的啟蒙老師。特別使她傷心欲絕的是民國二十六年（1937）父親生病時，她以忠孝兩難顧全下，毅然決然參加抗戰行列，無法親侍於側，另一件更使冰瑩一直深引為內疚和痛苦的事：父親於民國三十一年（1942）去逝時，當時冰瑩正懷著身孕，無法回去奔喪，

據她大哥及三哥的來信說，父親得病，乃起因於吃了她帶回去的華山參，而致大小便閉塞，終致不治；「我雖不殺伯仁，伯仁實因我而死」，一片純孝的心，反變成致命的毒藥，怎不叫冰瑩痛不欲生。

冰瑩父親是出名的孝子，祖母只生他一個，祖父死後，冰瑩父親寒暑假由學校歸來，每日不離祖母左右，還把老萊子七十歲娛親的故事，講給她們兄妹聽，要他們多孝順祖母，如祖母那天飯少吃了點，或精神稍欠佳，他就著急的很，深怕祖母生病。祖母晚年精力稍衰，甚且乞求上蒼願折己壽，以延祖母壽命。當時冰瑩覺得父親孝順過火了，等她自己後來成家，也有了孩子，方瞭解親恩似海，而她是個罪孽深重的人，曾為了出外求學及爭取婚姻自由，使父母傷透心！

冰瑩父親平日篤志《詩書》，於學無日懈怠，自辛卯中舉後，無日不以授徒講學為業；讀書講授外，尤重以德化人，是一位宅心仁厚的人，捐資興學，修治道路，賙濟貧窮，善行義舉不落人後；而其優游自得，淡泊營生，飯蔬枕肱，與顏回一般樂趣無窮。

冰瑩父親年少因負經世才，也有為國報效之心，但中歲見政途嶮巇，遂絕意進取；若軍政要人，或巨商富賈，乞求一言，往往婉為辭謝，可見其廉退之風，耿介之操。

冰瑩及兄長，經年在外不是求學，就是效勞黨國，其父總以手諭勉其敦氣節，尚清廉，謹身節用，忠於職守。字裡行間，充滿了慈愛和戒惕。博雅之風，令冰瑩及兄長懷念。

除以上諸事外，其父親的自由思想，且適合時代潮流，這點令冰瑩欽佩難忘。民國十五年，當時冰瑩及她的二哥和三哥三人因直接參加北伐，不敢讓父母知道，冰瑩從軍校每次寄信回家，都是先寄給長沙同學，再請她們代為投郵，後來她的父親見到她

的「從軍日記」，竟滿口稱讚，並希望她將來好好努力，能繼承其
衣缽。

　　冰瑩之長兄，輩名承塰，學名祚菉，字贊鰲，生於清光緒十
九年（1893），八月二十六日辰時。畢業於湖南高等師範學校，歷
任益陽五福學校、湖南第二聯合中學校長、湘中汽車路局常駐委
員、新寧縣自治調查專員、新化勸學所所長、益陽、攸縣縣政府
科員、科長等職。民國三十六年（1947）去世，葬於鵝溪祖山之
陽。冰瑩之二哥，輩名承章，學名煥文，字贊堯，生於清光緒二
十六年（1900），八月二十三日辰時。畢業於國立山西大學，歷任
山西省政府編譯，山西太原中學，曹州高級中學教員、湖南第一
師範、明德中學教員；國民革命軍第四軍政治部、武漢衛戍司令
部秘書，四十四軍政治部主任。為熊十力、梁漱溟兩先生所推重，
著有《哲學概論》、《人生哲學》等書。民國十六年（1927），因在
軍中積勞成疾，咯血病發，於八月十八日，病故於南京鼓樓醫院，
次年二月，三兄始扶柩歸里，葬於石鼓沖。冰瑩之三哥，輩名承
宓，學名國馨，字贊篁，生於清光緒二十九年（1903），六月十七
日子時。歷任湖南第一女師、明德中學、岳雲中學教員；湖南通
俗日報編輯、北平河北訓政學院教授、漢口和平日報主筆、湖北
省立第二女中教員、西北文化出版社總編輯，西北勞動營，戰幹
團政治教官，第五戰區司令部秘書等職。學問淵博，精通經典，
著作甚多，惜所有著作，於十年文革時，皆被燒毀，無一倖存。
民國六十五年（1976），病歿於湖南長沙。冰瑩之姐，名隆德，適
安化三甲梁君伯貔。

第三章　謝冰瑩的生平事蹟

謝冰瑩曾於《我的回憶・平凡的平生》一文中說過:「自從丙午年（一九〇六）九月初五，母親經過三天三夜的苦難生下我以後，這世界便多了一位飽受折磨的女人。」她曾埋怨造物者太無情，使她降生到人間，從幼年、少年、到青年、中年，沒有享受過人生的快樂和安逸；可是後來她卻要感謝由於生活使她飽經滄桑，正因為有著比一般人豐富生活經驗，這在寫作上，是她一批不小的財富。

本章擬將其生平分為童年、青年、中壯年、老年四個階段來描述，期從其點點滴滴的生長軌跡，勾勒出其成長的全貌。

第一節　快樂無憂的童年歲月

（1906～1920 年）

謝冰瑩出生的年月日，一直以來眾說紛紜，根據柴扉先生及薛茂松先生之考證[1]，以及冰瑩《我的回憶》[2]敘述，可以正確得

---

1 謝冰瑩出生的年月日有很多不同版本，根據《文訊月刊・人物春秋》〈懷念作家敬悼謝冰瑩先生女兵不死精神常在〉柴扉於民國 75 年 6 月及 7 月兩度去信問謝冰瑩，請她提出正確答案，謝於 73 年 6 月 20 日及 7 月 22 日，兩次覆信告知：其生日是丙午年農曆九月初五民前五年，一九〇六年。柴扉先生跟據謝冰瑩來信並參照其歷年著作及文章，發表過一篇長文題為〈謝冰瑩的著作與生平〉以丙午年為基準，列出一正確對照表，刊在《文訊雜誌》第八期（74 年 6 月號），推出其正確生平為民前六年，西元一九〇六

知其出生於民前六年，一九〇六年，丙午年，陰曆九月初五，陽曆十月二十二日。

　　湖南新化是冰瑩的故鄉。那是一個交通不便，風氣閉塞的農村，但卻是個山青水秀的魚米之鄉。

　　冰瑩祖母說她的出生，是經過母親三天三夜的難產，最後祖母在菩薩面前許了「血盆香」才生下的。冰瑩的祖母這麼描述著：你娘為你不知吃了多少苦，你的確太淘氣了，不知是什麼變的。你娘自從懷了你的第一個月起，無論吃了什麼東西，都要嘔吐，即使喝一口水。到了最後的三個月，她幾乎苦痛的要自殺；以前你娘生了四個孩子（冰瑩的三個哥哥及一個姊姊）都沒有請過接生婆；每次至多不過半個時辰（一小時）就下來了；誰知道這次生你，經過三天三夜，還是生不下來，接生婆來看了只是搖頭：「沒有希望了，你們還是早點準備後事吧。」倒是你母親淒咽對我說：「媽，你趕快替我在南嶽聖帝面前許炬香吧！如果生的是男孩，他滿了十六歲就去還香；要是個女孩，她二十歲時，我親自帶她去還」，於是我聽了她的話，就跪在南嶽聖帝面前許了「血盆香」（作者的家鄉有一迷信，凡是孩子難產的，要在橫山的南嶽聖帝面前許「血盆香」，還香時需著紅衣紅褲，頭上纏紅巾）果然快到天亮時，哇的一聲妳就落地了。[3]

　　的確，由冰瑩母親難產情形可知，她是個淘氣的孩子。她也曾把銅錢吞在喉管，銅錢吐不出又嚥不下，急得母親為她爬過二十里的高山請醫生來，才將此劫難解除；又有一次，她去弄屋樑

年，前光緒三十二年，歲次丙午，年肖屬馬；再根據薛茂松先生著《五十年代著作家名錄》注七，將農曆初五換算為該年陽曆十月二十二日，發表後得到謝冰瑩來信首肯。
2　謝冰瑩：《我的回憶》，（台北：三民書局 1989 年 5 月 5 版），頁 1。
3　謝冰瑩：《女兵自傳》（台北：東大圖書，1992 年 9 月 3 版），頁 3。

上的燕子窩，從樓梯上摔下來，臉摔破了，氣也斷了，她的母親
跪在菩薩面前求菩薩要降災難就降在她身上，寧願以生命換取女
兒的康健；她的淘氣常使母親生氣，她的母親可以駕馭支配很多
人，但對冰瑩似乎一點辦法也使不上。她又是個男性化的女孩，
喜歡和男孩子一塊兒玩，爬樹掏鳥窩，下田捉泥鰍；當總司令練
兵操；和小朋友辦家家酒，結婚時，一定辦新郎；新衣裳不穿紅
的花的；反對母親替她纏足、穿耳朵，也不喜歡作針線，只羨慕
三位哥哥能在爸爸身邊學著作詩，填詞，高聲朗誦古文。

　　母親教她紡紗、繡花、績麻，不讓她讀書，她就會問：「為什
麼哥哥他們不紡紗、繡花？為什麼我不能讀書？」又問「同樣是
書，為什麼男人讀了就能做官，而女人不行呢？」有一天她二哥
問她：「將來長大了，打算作什麼」，她毫不思索地回答他：「開書
店」「我可以買好多的書，白天讀，晚上也讀，我讀過了，再送給
別的小朋友去讀。」她的母親不許她讀書，她可以三天三夜不吃
飯，最後還是她勝利了，上私塾，只有短短的一年，就讀完了四
書。無怪乎在中學看了五百多本文學名著。曾為了偷讀書被校長
追著跑，甚且隱忍臭味，跑到廁所讀書。

　　五歲的時候，冰瑩開始識字。因為父親是前清的舉人，從小
她便在家接受他老人家的教誨，教她背熟很多唐詩和隨園女弟子
詩，希望她「史續蘭臺祈異日」。父親每年寒暑假自學校歸來，就
教她讀詩。她父親喜歡種花，白天在花園裏不是拔草就是灌溉花
木；晚間在菜油燈下教哥哥讀古文，教她吟詩。在冰瑩的記憶裏，
母親和嫂嫂紡紗的紡車聲，加上父親的吟詩聲，合奏著的是令人
沉醉的音樂；雖然好幾次她躺在父親懷裡睡著了，第二天醒來，
父親要她背詩時，她紅著臉撒著嬌回答，「爸爸抱寶寶，寶寶睡著
了」讀詩對冰瑩而言是快樂的甜蜜回憶。

　　八歲的時候，《隨園女弟子詩》，《唐詩三百首》，冰瑩已背得大半了。她的母親因為希望她將來能做個好管家婆，也會教她讀些《教女遺規》，《烈女傳》，《女兒經》之類的書，雖然她並不喜歡這類的書有時還感覺枯燥無味呢。

　　在她十歲那年，母親終於拗不過她的請求，加上哥哥們的求情，冰瑩如願進了私塾。在她的家鄉—謝鐸山-她是第一個被收容的女弟子。這一年，據冰瑩自己說，她讀完了女子《國文》八本，四字《女經》一本，還讀了半冊《幼學》和《論語》。

　　從民國前六年，到民國五年，她正好十歲，過著天下太平，快樂無比的生活，農村裏呈現出一番興旺現象。特別讓她難忘的是一些幼年時過年的情形：在《我的回憶·故鄉的過年風俗》她說：每年除夕她的母親至少要做上千個年糕，送給親友，在她的家鄉年糕有個很特別的名字叫「糍粑」，那是一種用糯米蒸熟後，再搗成糊狀，先做成一個個圓粑，再放進雕刻有龍鳳或梅花、牡丹花、喜鵲之類的模型裏，用力按幾下，倒出來，變成了一個個美麗可口的圓粑。她的母親最講究花樣，並取柏葉作為花樣，因為「松柏長青」，是取吉利的意思；她記得最好吃的一種吃法，是用豬油煎的黃黃地，再加蔥花、鹽、水燴一下，味道比雞、鴨還鮮美。

　　冰瑩從小便愛雪，每年到了冬天便盼望下雪的日子，尤其是在歲暮天寒的時候，她回憶著：「我最喜歡除夕下大雪，伏在窗口上，望著那一朵朵像棉花似的大雪花落下來，慢慢地把大地變成白銀世界，實在太美太好玩了！」爸爸會說：「瑞雪象徵豐收，明年一定是好年，大家都要幸福了！」母親這時會撫摸著她的頭說：「孩子，你又長一歲了，不要再和野孩子在一塊兒玩，學斯文一點，好好地學刺繡，知道麼？」爸爸連忙又會說：「也要好好讀書，

將來好做個女詩人。」冰瑩牢牢記著父母在除夕時對她說的話，只是她說我既沒有學會繡花，也不會做詩。實在太愧對雙親了！

過年時，冰瑩家鄉要祭祖先，拜天地；她的母親總是要等爸爸和哥哥他門敬完了神，然後再率領姊姊、嫂嫂和她一同跪拜。冰瑩往往吵著要和爸爸他們一同兒拜，並問「為什麼要男女分開呢？」她自小已有男女平等的意識。

除夕夜，過了十二點以後，哥哥們都睡去了，只有她陪著父母守歲。起初她躺在父親懷裡，聽他講故事，唸唐詩；直到聽到鞭炮聲從夢裏驚醒，才知自己不知何時睡著了，又是一年了。

在冰瑩家鄉除夕晚上要點許多蠟燭在樓梯口及倉庫裏過道上，母親說：「今晚老鼠嫁女，元宵節接女婿，都要點蠟燭的；不然牠們看不見走路，會咬破東西。」那或許是迷信，但她認為頂有趣。

元旦這天，在她的家鄉，有首歌，是說明故鄉的風俗：「初一『崽』，初二『郎』，初三初四拜『姨娘』」。『崽』是指兒女，『郎』是女婿；『姨娘』包括姑媽、舅媽以及其他的遠房親戚在內。意思是說元旦早晨是兒女拜父母、祖父母的；初二才是女婿拜岳父岳母；初三以後就可以廣泛地向親友拜年了。母親總是叮嚀她：「明天是元旦，不許哭，只准笑；不要和小朋友打架，搶爆竹；也不要說不吉利的話，見了客人就鞠躬，說聲：「恭喜恭喜！記得嗎？」她的嘴裡說記得，其實一轉身她又忘了，因為小時候的她實在太調皮了，她喜歡放鞭炮；堆雪人；到水田裡摸螺絲；到樹枝上，屋簷上掏鳥巢；所以這天雖然大人們對小孩特別好，只是太不自由。

冰瑩記得從初二開始到元宵節，幾乎每天都有舞龍和耍獅子來表演，為了等候獅子，她總不肯睡，和母親一塊兒坐在爐火旁

邊打瞌睡，一聽到鑼鼓聲，立刻精神百倍起來，冰瑩母親常說：「吃了元宵酒，工作到了手。」因為在她們鄉下，「酒」和「手」的字讀音是差不多的。

　　以上點點滴滴構成了冰瑩難忘的快樂童年；但也令冰瑩遺憾的是她認為她的家鄉風氣太閉塞了，儘管家鄉風景幽美，可是女人在家裏是沒有社會地位的，她覺得世上再沒有比自由更可貴的了，也許正因如此，才孕育出她愛好自由的個性，及往後做出一番富有革命性的事業。

第二節　艱苦備嘗的青年時代
（1921～1930 年）

　　冰瑩說她的青年時代，充滿了苦悶、窮困、憂鬱、傷感；但有一段時期使她的人生觀大大改變，使她的生命充滿了活力、光明，是從軍時代。這個時期她進入女師，一個養成教師的環境；她投稿第一篇文章，並被發表；她參加了從軍；與心愛的人結婚，生下一女，雖然後來因個性不合以離婚收場；在此時期她的《從軍日記》正式出版。

　　「五七國恥」紀念日，由於她慫恿同學參加遊行，受到被學校開除的命運。她的母親在父親及她三位哥哥求情下，居然允許她去投考長沙省立第一女師，父親還親自送她到長沙，這是一所公立學校，學費、膳食、書籍費一律由學校供給，每年每次錄取縣額兩名，她僥倖考上了。

　　因為湖南第一女師位於長沙馬王街古稻田，後來就改稱為「稻田師範」。在稻田師範求學期間，有很多令冰瑩難忘的回憶及美好

的日子。她們被人稱為「稻田婆婆」，由於她們的制服太老氣、灰暗，頭上又梳著一個或一對「巴巴頭」；在這裡，她的一頭又黑又多的長髮，被同學偷偷剪掉了，為此她傷心痛哭了兩個鐘頭。

由於冰瑩只讀到高一為止，在女師，除了國文史地外，其餘功課她都跟不上，但她過的非常快樂，由於肯用功，不到兩個月功課也都趕上了。

這裡有一位綽號叫「外婆」的校長，令冰瑩懷念及敬佩。外婆校長，名字為徐特立，是一位了不起的教育家，他完全用人格來感化學生，他為了津貼貧苦學生，為了買書給圖書館，薪水從來不拿回家，整年穿著一件破襯衫，床上鋪的是一床破被子；對那些成績不及格的年長學生，他不責備她們，反拿自己讀書的故事來激勵她們，說自己四十七歲才去法國留學，一個法文字母都沒有學過，和六七歲的孩子同班，從字母學起，孩子們都叫他老公公；他認為不愁年紀大，只怕不長進。他的女兒戀愛失敗了，他說失戀有甚麼關係，要受過挫折，才會找到最好的愛人。外婆校長還常說：「寧可一天不吃飯，不可一天不讀書；因為飯是天天都有吃，而好的書是不易得著的」[4]；無庸置疑外婆校長的觀念及想法，對冰瑩是有影響的。

在女師由於管理圖書的是學生自己，幸運的是冰瑩當選了班上的圖書幹事，在女師的五年，她看了很多的書；她最喜歡看的是小說，常被小說迷得忘了吃飯，無論中外，不論內容，新或舊她都借來看；其中《水滸》是她最愛看的，因為裡面所描寫的英雄好漢那種俠義精神，是冰瑩最佩服的，這點給了她日後從軍的許多影響。

---

4 謝冰瑩：《女兵自傳・外婆校長》，頁45。

　　在進女師的第二年，冰瑩開始寫小說，她用「閒事」的筆名，發表她第一篇習作〈剎那的印象〉寄給《大公報》的李抱一先生，被刊登了出來，給她很大的鼓勵。

　　民國十五年，是軍閥被徹底消滅的時代，也是北伐將要完成的時代。冰瑩在女師已讀了五年，尚差一年就可畢業；此時她二哥無意間看到中央軍校在招收第六期的廣告，鼓勵她去投考，告訴她這是她出頭的日子。冰瑩不瞭解為什麼叫出頭的日子，她二哥解釋：「因為參加了革命，可以找到許多珍貴的寫作材料，可以從事婦女解放運動，可以解除婚約，可以發展妳的前途」[5]這番話令她心動，因為當時她一心想解除婚約，對革命也一心嚮往。雖然三哥不贊成，但最後被二哥說服了，冰瑩也順利考上了軍校。

　　但因她反對軍校覆試，被開除了。她將本名謝鳴崗更改為冰瑩，第二次去報考，這次以第一名錄取；從此她脫下了學校灰布制服，換上了灰色軍裝，雄糾糾，氣昂昂，別人根本分不出是男兵抑是女兵。

　　在從軍的時候，冰瑩將她每天所見所聞，用日記方式寫下來，從民國十六年五月十四日至六月二十二日，漢口中央日報副刊的孫伏園先生將它登出來，林語堂先生並將它譯成英文，後來《從軍日記》於民國十八年正式出版，是冰瑩出版的第一本書，也是她正式走上文學路的第一步。

　　其實冰瑩從軍的日子並不長，在女兵被解散後，她回到家鄉，面臨的是父母親逼她在三歲時就許婚給「蕭明」男子的婚約。因為反對婚約，被母親軟禁，朋友來信也被查扣，縱然如此，她也不改變解除婚約的決心，她說：「我寧可為反對舊禮教，推翻封建

---

5 謝冰瑩：《我的回憶・投筆從戎》（台北：三民書局，1989 年 5 月 5 版），頁 40。

制度而犧牲生命，決不屈服在舊社會的淫威之下」[6]；她以逃婚四次，表明絕不能接受一個沒有愛情做基礎的婚姻的堅決心意，幸而最後得到未婚夫蕭明的體諒，解除了這樁婚事，也因此傷透了母親的心。

民國十七年春，為了生活，冰瑩接受一份教書工作，那是擔任湖南省立第五中學附小國文的老師。那是她第一份粉筆生涯的工作，雖然受學生歡迎，因受人排擠，僅教了幾個月，還有一個月薪水未領到，就被迫離開學校，其實她心更嚮往的是再去升學。

離開教職，她到了上海，生活過的很苦。租在一間便宜的亭子間，靠寫作維生，因誤住在綁匪家，竟被抓進監牢關了五天，幸虧得到孫伏園先生的即時搭救。入獄時因太餓了，曾以掉在大便上的飯團解飢，她說那個飯團是她吃過最好吃的東西，她永遠也忘不了那又甜又鮮的味道。

讀書一直是冰瑩所期待嚮往的，但過程是艱辛的。這年秋天（民國十七年），她考上了私立上海藝術大學中國文學系二年級，原以為至少可安心讀二年書，那知半年不到，學校被解散關閉。當她正在發愁時，孫伏園先生轉來一封她三哥寄自北平的掛號信給她，信裡面有一張三十元的匯票，希望她立刻到北平補習功課，預備暑期投考女師大；考女師大時，因她的地理分數只考四分，本來決定不錄取，後來因國文系主任黎錦熙先生極力主張錄取她，才使她有機會踏進北平女師大紅樓門。

在北平女師大，她曾過了半年很太平的日子，因為不收學費，膳食費、書籍費，以及零用錢，三哥都為她準備好了；但命運似乎喜歡捉弄她，她的三哥突然要回長沙去教課，因收入沒北平的

---

6 謝冰瑩：《女兵自傳・被母親關起來了》，頁 105。

多，無法再供給她求學的費用。

　　冰瑩為學業、為生活，此時吃盡苦頭，她不僅要為自己打算，又有家庭的負擔。她一面讀書，一面教課，更利用晚上十二點以後寂靜的夜晚寫作貼補家用；當時她的筆名很多，如紫英，鄉巴姥，英子，格雷，林娜……等等[7]；她在女兵自傳裡說過這樣一句令人看了辛酸的話：「寫，拼命地寫吧，為了生活，我像一隻駱駝那麼負著重擔，在沙漠裏掙扎著勇往前進！」[8]

　　與蕭明解除了婚約之後，冰瑩與她在從軍認識的一個叫「符號」的男子結婚，並生下一女叫「符冰」。

　　符號在行軍時，曾寫過許多美麗的詩寄給冰瑩，無論走到甚麼地方，總要摘下一片樹葉，或是一朵花，從信中寄來；符號的家庭非常窮困，父親早死，一家四口全靠他一人來維持，是個吃苦的青年；冰瑩為他那些美麗的詩句陶醉了；她說愛他的動機很簡單，希望將來有力量幫助他。

　　「奇」是冰瑩稱呼符號的暱名，因奇善妒以及偏狹的個性，二人婚後的愛意早就一點一滴的腐蝕殆盡，好幾次當兩人爭吵後，冰瑩都想以自殺解決痛苦的婚姻，但想到才出生的女兒，實在不忍心，就這樣日日拖著；直到在孩子出生才二十天時，奇堅持要到天津去找工作，誰知工作沒找到，卻被冤枉地送進監牢。

　　冰瑩為這份愛吃盡苦頭，也盡了心力；這份因憐而生的愛，在歷經幾番波折，最後終於還是走上分手一途；冰瑩將孩子交給符母，重新出發；這段婚姻留給冰瑩的是無限的悔恨和遺憾！

7　謝冰瑩：《女兵自傳・偷飯吃》，頁 224。
8　同上註，頁 227。

第三節 百味雜陳的中壯年

（1931～1970年）

由無憂快樂的童年，經歷傳奇而豐富的青少年時代，緊接著冰瑩邁入的是一個囊進人生所有滋味的中壯年生活；悲傷的、歡樂的、痛苦的、刺激的……各種遭遇呈現於此時。她以半工半讀方式完成北平女師大學業；二度赴日本求學；在日被刑囚關監；組織婦女抗日戰地服務團；完成豐富多產著作；甜蜜美滿的第三度婚姻及家庭生活；自大陸赴台充實的教書及寫作生涯等事情都在這個階段完成。

二十六歲的冰瑩，在上海搭上皇后號赴日自費留學，實現她讀書進修的理想。不料甫到日本二天，「九一八事變」發生，東北被日佔領。在愛國心趨使下，中國同學在東京舉行了一個追悼東北死難同胞大會，冰瑩因參加此追悼會，受到被限定於三日內驅逐東京的命運。於是她帶著一顆失望創傷的心，回到上海。

接著上海「一二八事變」又發生，上海的文人組織了一個「上海著作人抗日救國會」，冰瑩不但參加此會，同時還擔任宣傳工作，於是白天她參加醫院的救護隊，到前縣去救護傷兵，晚上則在「婦女之光」作編輯。

在抗戰烽火中，由於各種生活體驗，無形中增加了她寫作的體材，以及靈感，她的第一本長篇小說《青年王國材》、還有散文集《麓山集》、短篇小說集《前路》在此時陸續被出版。

民國二十二年初，她曾待在閩西龍岩短短三個月，在那裡受到一位跛子校長自己存錢辦校的感動，他是一位提倡女權的教育

家，她毛遂自薦擔任全校的音樂老師，以及高六班的國文課，白天她教課，晚上寫文章，雖短短的三個月，學生的熱情，校長的情義，使她懷念留戀不已。夏天時，她被聘到福建廈門中學擔任國文教員，她為學生辦了一份《曙光》文藝週刊，登在《廈門日報》上，很受學生歡迎，但因校長認為她只教語體文，與他理念不合，她只好提出辭呈。為了提昇廈門的文藝氣息，她曾與幾位愛好文藝同好，聯合創辦一份《燈塔月刊》，為小小廈門開出一朵雖短暫但燦爛的文學之花。

在廈門中學，冰瑩過了半年安定的生活，因一個莫須有的罪名「閩變事件」[9]冰瑩被牽連只得被迫離開學校，接受柳亞子先生建議回到長沙老家躲一躲。

繼續未完的日本學業，一直心繫著冰瑩，回到長沙，她將此計畫與心願，告訴三哥，得到贊成，她以謝彬之名，重新進入日本東京稻田大學研究院，跟隨本間久雄教授攻讀西洋文學。

再度赴日，發生一件意想不到的事，學業又未完成；她竟被關在日本獄中，坐了三週的牢。事情起因於民國二十四年四月二日，偽滿州國傀儡皇帝溥儀訪問日本，冰瑩拒絕前去歡迎，被日本政府故意冠以反動罪名，被抓到警察署，在獄中受到殘厲的嚴刑烤打，幸虧得到柳亞子先生幫忙，兩度電報給駐日大使蔣作賓先生，得以脫險被釋；後又得到日本朋友竹中繁子的幫忙，方回到祖國懷抱。事後冰瑩回憶起這段，她說關在日本監獄的短短三

---

9 民國二十二年的冬天，陳銘樞欲背判中央，乃與李濟琛、陳友仁及十九陸軍的將領蔣光鼎、蔡廷楷等組織「生產黨」與共黨勾結……於十一月二十日在福州發表通電，宣布成立「中華共和國人民政府」。此一叛變發生後，政府於十二月下討伐令，授命蔣委員討伐叛軍……民國二十三年一月初，國軍全線發動攻勢，一月卅日軍事委員會將十九陸軍殘餘部隊改編為第七路軍，任命毛繼壽為總指揮，閩變至此全部剿平。參考張益乾：《近代中國史》（台北：華夏叢書，1971 年 12 月 7 版），頁 241-242。

週，感覺比三年還長，受盡了屈辱和痛苦；更叫她痛心的是，她從八年前開始寫的日記，連帶一些珍貴的相片和許多稿子都被沒收了。

自日本脫逃後她到桂林三哥處休息，過了一個非常愉快的假期，因接到廣西南寧高中的聘書，她依依不捨離開桂林。在南寧高中一次無意間盪鞦韆，她自高處跌落，使她暫時失去了知覺，雖然後來恢復了意識，頭暈得卻無法上課，為健康著想，她不得不辭去教職，也推掉《廣西婦女》週刊的編輯工作，回到長沙休養；在此休養期間，她完成了長篇傳記體小說《一個女兵的自傳》，由當時上海良友圖書公司發行出版。

民國二十六年三月十九日，冰瑩母親因病逝世，她親侍於側。在《女兵自傳》裡她說：「宇宙間還有比自己看著最親的人，和自己永訣更痛苦的事麼？」[10]她的傷心、悔恨、懊惱、眼淚也挽回不了母親的生命。

冰瑩忍受不了失母的打擊，一個人到南嶽恆山去休養受創的身心。七月七日蘆溝橋事變發生，她身體內的血液奔騰活躍起來，她為了忠孝不能兩全，仍毅然決然辭去了此時病中的父親，前往長沙，發動婦女到前方為傷兵服務活動，並成立「湖南婦女戰地服務團」。

這個戰地服務團，完全由冰瑩個人負責組織起來，團員除了冰瑩曾於十年前從過軍外，其他團員都是第一次過軍隊生活，連冰瑩共十七人，她們穿著自備的灰色軍服，打裹腿，青色鞋襪。她們每一個人報著多救一個傷兵，就是多殺一個敵人的信念，為受傷的戰士洗傷口、敷藥、繃紮、安慰他們、鼓勵他們……總之

---

10 謝冰瑩：《女兵自傳・母親的死》，頁 301。

只要能做到的事都做到了；她們不分畫夜在戰地的血泊中工作著、生活著。雖然她們睡的是潮濕的地舖，喝的是黃濁的溪水，吃的是乾冷的飯菜，穿的是單薄的衣褲……但她們一點兒也不覺得苦。

冰瑩一面帶領婦女戰地服務，一面也趁機收集寫作材料，這段時間，她發表了很多文章：〈戰士的手〉、〈軍中隨筆〉、〈在火線上〉、〈新從軍日記〉、〈重上征途〉、〈第五戰區巡禮〉等軍中戰地作品。

冰瑩帶著女青年服務團，跑遍了鄂北、豫西、黃河、襄樊前縣、大別山麓……由於繁重的戰地服務工作，她終於不支病倒了。她的慢性鼻竇炎，愈來愈嚴重，經朋友力勸，她回到重慶經過六小時的開刀手術，治療鼻病。不久，她的慢性盲腸炎又發作了，她又被迫到重慶去施行手術。

在參加戰地服務工作時候，她認識了賈達明。由於身體健康情形，她脫離了戰地生活，於民國二十九年二月三十日，與達明結婚。之後冰瑩到《黃河》月刊任主編工作，同年《在日本獄中》在上海出版。

自冰瑩參加抗戰工作，有六年的時間不曾回家過，民國三十一年秋天，她的父親病逝了，當時她因身懷有孕，不能回去，又聽說父親是吃了她的華山人參致使病情發作，對她而言，無疑是終身引以為憾的痛事。

與達明婚後的冰瑩，日子過得忙錄而充實，一面教書，一面仍不停寫作及擔任編輯工作；三個孩子文輝、文湘、莉莉也相繼出世。

在民國三十七年，冰瑩獨自帶女兒莉莉接受台灣國立師範學院國文系高鴻縉主任之邀，應聘到校開授國文、文學批評、及新

文藝習作課程；緊接著達明與其他兩個孩子也都來台相聚。

　　她的新文藝課程，非常受學生的歡迎，也有很多學生因受教而成為知名作家；她也曾於民國四十六年，應聘到馬來西亞任教三年餘；自民國三十七年至六十年，這二十餘年在台灣的日子，應該是冰瑩最踏實、最幸福、最安定的日子。

第四節　寄寓異國的晚年寂寞
（1971~2001 年）

　　冰瑩晚年生活本應過得很好，在台灣師範大學安定的教職，與達明美滿的婚姻，三個子女在國外學有專長，筆耕從未停輟，平時也參加很多藝文活動，她曾說過自民國三十八年（1948）來台灣之後所過的是她生命裏最長的一段安定、幸福、愉快的日子。但沒想到在一次美國探親之行，跌斷了腿，使之命運因此蒙上不幸多難之一筆。

　　冰瑩在台灣師範大學任教二十餘年，學校給她一年的休假，她想利用此假期去探望在美國的三個孩子，於是在民國六十年（1971）八月乘「復旦號」客輪赴美探親，不料在船上甲板不慎跌倒，摔斷了右腿，本應是一趟充滿憧憬與期待的旅遊，反變成不得不滯美治腿療傷的夢魘。也因為斷腿，冰瑩不得不提前自台灣師大退休，達明也自東吳大學退休，兩人赴美定居。

　　冰瑩以為斷腿，是她的孽障太多，老天爺在懲罰她，但因禍得福，反使她在此階段看了很多佛書。冰瑩與佛結緣是在民國四十年（1951），她因在師大旁聽課的性如法師，引領住進汐止秀峰山腳下的靜修院寫作，完成小說《紅豆》；之後，在民國四十三年

（1954）由達心尼師引導，皈依慈航大師，被賜法名慈瑩；自此她與佛結下不結之緣。冰瑩曾在夏威夷玉佛寺，受過八關齋戒；在台灣金山寺閉過兩星期的關，也經常去聽宣化老法師講經；她曾為《慈航》雜誌撰寫過佛學，也曾為青年朋友主持學佛信箱，專門解答青年讀書、寫作、做人、出家和吃素等問題。在美斷腿養傷期間，雖不免承受肉體的痛苦，但讓她得以沉澱動盪飄泊的心，她重溫了六祖壇經，又接觸閱讀了其它佛書，從佛經中她得到很多啟示，她變得喜歡沉默，話也不多了，她體悟到，對一切事要先「看開」，才可「放下」，最後方可達到「自在」境界。因為斷腿重溫佛經，使她有機會重新作一個責己恕人、慈悲為懷的三寶弟子，她認為這無疑是菩薩給她的另一恩寵。

　　冰瑩在美住在一間專門為老人設計的公寓裡，生活非常規律。每天早上六點起床，吃完早點念經作運動；然後搭巴士去中國城學英文；下課後去逛逛買些菜回家；下午則讀信、寫信、閱報、看雜誌。她認為每天最快樂的兩件事，其一就是收到朋友的信，她把這些信當做維他命似的慢慢咀嚼，讀了又讀，她也把大部份時間放在回信上面，因她從不欠信債，有信必回，晚上收看台灣頻道電視節目，則是她另一件快樂的事。

　　在美期間，冰瑩多了一項畫畫作消遣，因喜愛梅、蘭、菊、竹和好友舒曼霞、繁露、陳雪英人稱「四君子」；另外在「世界日報」闢有「賈奶奶信箱」一專欄，每週二次，為青年朋友解答生活、文學等問題。

　　雖然在美生活安靜閒適，總覺得日子缺少了些台灣的豐盈，冰瑩患了嚴重的「鄉愁」。每逢過節、過年，她尤其想念台灣的朋友。年輕時，她認為應以四海為家，不應有狹隘的鄉土觀念；中學時，有同學因想家掉眼淚，她認為同學有封建觀念；後來她一

個人到上海、北平、東京求學，她才開始真正體會到王維「獨在
異鄉為異客，每逢佳節倍思親」的深刻意義。如今，在美國，人
老了，思念家鄉的心，夜夜啃蝕著她，落葉歸根的念頭也時時縈
繞她腦海。

　　冰瑩終耐不住鄉愁的召喚，於民國六十七年（1978）暑假自
美返台。於九月到慈湖謁陵，並參加了軍校六期的同學的聯誼會，
在台居留了五個月，她說她像做了一個美麗的夢，這個夢是她人
生中最美、最甜、最快樂的夢；因就心達明心臟病復發的老毛病，
她不得已結束台灣之行返美。民國七十九年（1990）十一月在友
情的呼喚下，她再度返台，此次她除了接受當時中國國民黨黨主
席李登輝先生授與之「實踐獎章」、證書之外，也拜訪了好友蘇雪
林教授，在返北途中順道訪問了「鳳山中央陸軍軍官學校」，並從
胡校長手中得到一份影印的「黃埔軍校武漢分校第六期女生隊之
畢業證書」，讓冰瑩感動不已，她激動的說：「如果讓我重活一次，
我還是要當一個女兵。」

　　於民國七十七年（1988），冰瑩碰到了老年喪偶的悲痛。達明
在一次搬動來美後從未移動過位置的書桌時，竟引起心臟病猝發
而死，享年八十四歲。回想二人相識於抗戰時期，歷經五十年互
相扶持的歲月，如今達明先她而走，怎不令冰瑩唏噓不已，更增
添一層老年的寂寞。

　　英雄只怕病來磨，冰瑩自謙說她並不是英雄，但是病，剝奪
了她很多寶貴時間，也消磨了她遠大的志向。但她並不灰心、氣
餒，要和病魔戰鬥到底。她的病一是腿，一是眼疾。自腿傷後，
冰瑩的身體較前衰弱，但精神仍很好，她的右腿骨頭摔碎後曾經
動過兩次手術，第一次在民國六十年（1971），在她的《冰瑩書信》
提起，因為第一次手術並不完善，由 X 光片看出已經短了兩寸，

平時都必需靠不鏽鋼四腳柺杖輔助行走，且每次出門都必須吃止痛藥，為了這個腿傷，不知吃了多少苦頭，第二次則是在經過了十二年之後，在經過有名骨科醫生建議下開第二次刀，她足足躺了四個月，冰瑩說這次開刀是她有生以來躺在床上最長的一次，開刀七個月後，她已能單獨扶杖上街，雖說快八十歲的老人，再開一次刀，未免有些冒險，但這次的手術很值得也很幸運。至於冰瑩的眼睛，右眼微血管破裂，有瘀血現象，左眼長倒毛，必需開刀割去長倒毛的部份，在台北時，醫生就已跟冰瑩建議，她沒接受，沒想到在美國為了這隻眼睛已經開過四次的刀，冰瑩希望開過刀後的眼睛，可以變好，可以多和朋友通信，可以多寫點東西。但似乎事與願違，冰瑩的眼睛只要多讀一點、多看一些就會刺痛，就會流眼淚，她曾於民國七十五年（1986）六月在《傳記文學》發表過一篇〈響應寫信記年運動〉中提到：「只因眼睛有病，不能多看、多寫否則就會刺痛、流淚，因此我很痛苦已兩年多不寫文章了。」雖然如此，但她仍勤寫日記從未斷過。

　　冰瑩是個不服老的人，她不承認「老而無用」，她要「老當益壯」。晚年她因腿傷之後，身體狀況不如前，因眼疾不能多寫，但仍不減寫作的興趣，在醫療腿傷期間，曾給《小讀者月刊》，闢「海外寄小讀者」每月一篇，把在國外看到的風土人情介紹給國內小朋友；在《明道文藝》闢「海外寄英英」，以書信為年輕朋友們闡釋「愛」的意義和境界；她雖晚年旅居國外，仍是非常關心自己的國家，認為海內外文化工作應加強，政府應在海外多成立文化中心和書店，將我們的文化廣為宣傳，而國內的朋友也應發揮個人力量，多寄書報給海外的親友，充實他們的精神食糧，她甚至建議應在海外辦中文補習班給中學生，使他們不要忘記自己的語文。她的樂觀積極、不肯向惡劣環境低頭、奮鬥不懈以及愛國情

操的精神，始終是令我們敬佩學習的榜樣。

　　曾有人說，冰瑩的晚年境遇淒慘，遭子女棄養，獨居在老人公寓，她為這事辯駁，她說孩子們都很孝順，假日都會來看望她，又有來自台灣及各地朋友的書信，她又畫畫、又蒔花弄草，晚年她的著作也都陸續出版或再版，雖因眼疾不再寫新文章，日子雖寂寞了點，仍是充實的。

　　在九十歲時，她開始患痴呆症，健康情形每況愈下，後來記憶力全部喪失了，好友舒曼霞曾賦七絕一首為壽，詩云：「良辰愉悅晚霞明，九十壽觴老壽星；著作等身才倚馬，女兵自傳永留名。」[11]民國八十九年（2001）千喜之年，她因病逝世於舊金山，享年九十五歲，生前她說要將骨灰灑在太平洋隨波逐流，若有天上人間她終於可以和死去的親人—父親、母親、兄姐、女兒小號兵和達明再聚了；她的一生，誠如她自己所言是多難的，但卻是如此豐富、傳奇；她的豐富著作也將廣傳人間，歷久不衰。

11　參考關國煊：〈民國人物小傳〉，台北：《傳記文學》第八十二卷第三期（1993年3月），頁151。

第四章　謝冰瑩的交遊

第一節　忘年交好的幾位長者

　　冰瑩一生雖歷經苦難，但她也說過，她是幸運的，生命中交了四個忘年的朋友；第一、二位是孫伏園、林語堂先生，第三位是柳亞子先生，第四位是馬星樵的夫人沈慧蓮女士，他們都特別愛護她、關懷她，把她當作自己家裡的子弟一般看待。孫、林二位在寫作上給了冰瑩很大的鼓勵，她在寫作上如果有一些成就的話，可說都是二位的賜予；柳亞子先生是冰瑩的救命恩人，如沒亞子先生，冰瑩早就沒命了；而沈慧蓮女士把冰瑩視為自家女兒一般疼愛照顧；這四位都直接間接影響、幫助了冰瑩。

　　（一）、孫伏園先生[1]：冰瑩初識孫伏園先生是在民國十五年夏天，那時孫先生在漢口主編中央日報的副刊，她第一次見孫先

1　孫伏園（1894-1966），浙江紹興人。原名福源，號伏廬，又名孫柏，筆名伏園、松年、柏生、柏、桐柏，別署沒有作品的作家。1920、1921 羅素來華講學，由孫筆錄編成《羅素五大講演-心之分析》，北大新知書社出版。1921 年北京大學畢業。在校時參加新潮社，任幹事兼編輯，又任圖書館長秘書。1920 年兼任北京《晨報》編輯。畢業後主編《晨報副刊》，參加發起文學研究會。1924 年發起創辦《語絲》週刊，改任《京報副刊》編輯。1926 年赴廈門大學，任國學院編輯部幹事。次年初轉廣州中山大學，任史學系主任。不久到武漢主編《中央日報副刊》。同年冬回上海，與友人創辦嚶嚶書屋，出版《貢獻》、《當代》。1928 年赴法留學。回國後在河北定縣，從事教育工作。1937、1938 年間曾任恒山實驗縣縣長。後至重慶，任第二屆文藝界抗協理事，齊魯大學國文系主任兼教授，創辦中外出版社。抗戰勝利後任華西大學及四川大學教授，並主持《新民報副刊》。病逝於北京。著有《魯迅二三事》、《山野掇拾》〈與弟孫伏熙合作〉。參考《中國近現代人物名號大辭典》（浙江：浙江古籍出版社，1993 年 5 月 1 版），頁 242。

生，是由她的兩位愛好文藝的同學引薦給孫先生，當時孫先生有客人，所以沒買糖招呼她，冰瑩回校後寫信向他發牢騷，孫先生竟許她將來會修一條糖馬路給她，冰瑩的印象中孫先生就是如此一位幽默風趣的人。

　　民國十五年冰瑩考上武漢中央軍校的女兵，民國十六年她參加北伐，將每天所見所聞全部真實寫下來，寄給孫先生，因為當時她認為這些從軍的體裁，不寫出來太可惜了，只有寄給孫先生才能被保存下來。孫先生將這些日記體材的文章一一登出來，這就是《從軍日記》，也因《從軍日記》，使冰瑩走上了文學之路。

　　孫伏園先生不只是冰瑩在寫作上的貴人，也曾搭救過她，在生活上學業上也給她很多安慰及鼓勵。民國十七年，冰瑩在上海與朋友合租了一間便宜的亭子住，不料那竟是綁匪的家，冰瑩因而也被誤關了三天，後來幸虧受到孫伏園先生即時解難，否則可能連性命都保不住。當時冰瑩生活得很苦，每逢禮拜六、日，她都會去孫先生的家，一方面可免費拿幾本孫先生辦的《貢獻月刊》刊物，另一方面也順便打打牙祭。

　　（二）、林語堂先生[2]：引導冰瑩走上寫作之路的另一位貴人是林語堂先生。冰瑩的《從軍日記》從第一篇開始，林語堂先生

2　林語堂（1895，一作 1894-1876）福建龍溪人。原名和樂，又名玉堂（讀大學時改名），後改今名，筆名語堂、語、毛驢、東君、豈青、或堂、宰予、宰我、薩天師，西名 Yu-Tang、Lin Yutang，英文縮寫 Y.T〈友人以此直呼，或稱語翁〉，人稱幽默大師，室名有不為齋〈早年居上海愚園路時齋名。1966年自美返台，亦題此齋名〉。1916 年上海聖約翰文科畢業後，任清華學校英文教員。1919 年赴美哈佛大學留學，後轉德國萊比錫大學研究語言學，獲哲學博士學位。1923 年回國。任北京大學英文教授，北京女子師範大學教務長兼系主任，廈門大學文科主任，國民黨外交部秘書，中央研究院外國語編輯。1931 年參加中國民權保障同盟。之後，創辦、編輯《論語》、《人世間》、《宇宙風》等刊。1936 年去美國執教。1952 年在美創辦《天風》月刊。1954 年任新加坡南洋大學校長。1966 年返台定居。受聘為香港中文大學研究教授。在港逝世。著有《開明英文讀本》、《剪拂集》、《大荒集》、《吾國與吾民》、《生活的藝術》、《京華煙雲》、《當代漢英詞典》等。卒後，家人將住宅設成林語堂紀念圖書館。參考《中國近現代人物名號大辭典》，頁562。

將它譯成英文，刊登在當時漢口中央日報英文版上，並鼓勵她出
單行版。起初冰瑩對自己這些興之所至，靠著兩腿膝蓋所寫成的，
又沒有甚麼起承轉合、美麗詞藻的不成文東西很沒有信心，但林
語堂先生卻認為它有時代的價值。他說：「這些文章，雖然寥寥幾
篇，也有個歷史，這可以解明我想把它們集成一書的理由[3]。」他
說冰瑩的文章有「氣骨」，他把她所有的從軍日記都譯成英文，在
商務印書館出版；跟著汪德耀先生將它譯成法文，冰瑩竟因而收
到羅曼羅蘭先生給她的鼓勵信，這件事影響了她的一生。所以即
使後來冰瑩也成為一位知名作家，但她從不吝於鼓勵人，也養成
她不論收到什麼人的信，一定親自回信的習慣。她的《從軍日記》
出版後銷路很好，一版再版，直到二十版；使冰瑩不知不覺中走
上了這條又快樂又痛苦的寫作不歸路。

　　（三）、柳亞子先生[4]：柳亞子先生可說是冰瑩的救命恩人，
冰瑩也視他如父。冰瑩曾說過如此的一句話：自從我的父親去世

3　謝冰瑩：《我的回憶・寫從軍日記的動機》（台北：三民書局，1989 年 5 月
　5 版），頁 148。
4　柳亞子（1887-1958），江蘇吳江人。乳名慰寶，幼名禪兒，後名慰高，字
　景山，後自改字安如，改名人權〈因讀《民約論》接受盧梭「天賦人權，
　人人平等」思想而改，並以此名加入同盟會〉，號亞廬，亦作亞盧，又稱亞
　子〈此後就作為正式名字〉自號棄疾，又署棄疾子，又取號稼軒，又取筆
　名青兒。別署、筆名中國少年之少年、虛無、慎名、南史、南明遺民、南
　社巨子、小弟等。室名磨剣室、更生齋、笑隱樓、樂天廬、榕齋等。16 歲
　中秀才，此後，加入中國教育會、愛國學社、中國同盟會、光復會，與陳
　巢南、高天梅等祖織南社〈數任社長〉，創辦《二十世紀大舞台》、《復報》
　等刊。辛亥革命後又辦《警報》，任《天鐸》、《民聲》、《太平洋》三報主筆，
　並為孫中山委為總統府秘書（在任僅三天，因病辭去）。其後，主要從事南
　社領導工作，編輯《南社叢刊》。1923 年組織新南社。次年加入改組後的
　國民黨，歷任監察委員等職。1927 年以後，主要從事反對蔣介石的民主革
　命活動及抗日救亡運動。曾任上海通志館館長等職。抗日時期參加中國民
　主同盟，勝利後與李濟深等發起成立中國國民黨革命委員會。新中國成立
　後，任中央人民政府委員、人大常委、民革中央常委以及中央文史館副館
　長等職。逝世於北京。著有《乘桴集》、《懷舊集》、《南社紀略》、《柳亞子
　詩詞集》等，輯有《南社叢選・詩集》、《太一遺書》等。參考《中國近現
　代人物名號大辭典》，頁 663。

之後，我在內心裏，早已把亞子先生當作父親看待了[5]。

　　如果沒有亞子先生，冰瑩可能早就不在人世了。民國二十四年，是冰瑩第二次赴日求學，她竟被關進日本警察署，過了三週牢獄生活，起因於她拒絕去歡迎偽滿州國皇帝溥儀朝日，被視為有背叛造反行為，在拘留期間，受盡侮辱及酷刑，如果不是後來柳亞子先生即時去兩封電報，一封給中國駐日大使，另一封給中國留日學生監督，請他們迅速營救，冰瑩早就命喪黃泉。

　　冰瑩認識柳亞子先生是在民國十九年。她說第一次見到他時，真像一個孩子見到久別父母那麼高興，因為他是那樣地和藹、誠懇、熱情，縱然他是一位有名望有地位的學者。亞子先生有口吃的毛病，冰瑩小時很調皮，因為學有口吃的人說話，自己不知不覺中也染上了這種毛病，長大後雖然好了，但見到有口吃的人，往往會想發笑，但冰瑩對亞子先生，一點也沒有想笑他的念頭，反而對他格外尊敬。

　　亞子先生也將她視為自己孩子般關愛，冰瑩寫日記不曾中斷的習慣，就是聽從了亞子先生的話。民國二十六年冰瑩組織湖南婦女戰地服務團，出發時亞子先生曾以五言絕句詩相贈：「三載不相親，意氣還如舊，殲敵早歸來，共飲黃龍酒[6]。」一別就是六年，後因戰事節節失敗，民國三十二年，冰瑩由成都回湖南家鄉為父親掃墓，路過桂林，當時亞子先生一家人也在桂林，冰瑩順道拜訪亞子先生，當時冰瑩在路過金城江住宿店，她的小箱子被竊，內有文章〈從西北到西南〉的手稿，以及相片、日記一些珍貴的資料，見到亞子先生冰瑩將小箱子遺失被竊之事告知亞子先生，

---

5 參考謝冰瑩：〈憶柳亞子先生〉，台北：《傳記文學》第三十六卷第三期（1980年 5 月），頁 93。
6 同上註，頁 92。

並痛心的說：「從此再也不寫日記了，在日本坐牢，沒收了她八、九年的日記，如今又丟了一本，反正接不上了，還寫它幹甚麼[7]」亞子先生聽了大不以為然，他勸冰瑩千萬不可終斷這件已養成多年的好習慣，冰瑩聽進去了他的忠告，從民國三十二年後她不曾終斷過一天寫日記。當晚亞子先生說的一番話：「不論處理什麼事情，要沉著，不要衝動；要勇往直前，不要懦弱後退。人生要樂觀、積極。」[8]也一直使她受用無窮。

冰瑩記得在從軍後回到上海過得日子非常苦，又要讀書、又要寫作賺錢、生活的壓力，逼得她喘不過氣，有時她真想跳進黃浦江，結束苦難的人生時，全靠孫伏園先生及柳亞子的鼓勵、安慰，才使她一路有勇氣走下去；每當她在午夜夢回，或者在病中，或者一個人孤單獨處時，她會想到除了父母生她育她、兄姐的骨肉之愛、丈夫兒女之愛外，在人生的旅途上指引她走上寫作之路是─孫伏園、林語堂、柳亞子這三位導師。

（四）、沈慧蓮女士（馬星樵夫人）[9]：冰瑩有慢性鼻炎的毛病，一直沒有斷根，曾於民國二十七年在重慶開過刀，在馬來西亞開過第二次刀，幾乎送掉命。後來她每月固定都要去醫院鼻科看診一次，每次她在候診室或診療室時，內心都會想起馬星樵夫人沈慧蓮女士。

---

7 同上註，頁 92。
8 同上註，頁 93。
9 沈慧蓮女士為馬超俊（1886-1977）先生之夫人。馬超俊號星樵，出生於廣東省台山市白沙鎮。曾於光緒二十八（1902）年赴美深造，離美赴日後，即投奔孫中山，自此投入革命事業。曾做過廣州市長、南京市長。抗日戰爭爆發，馬超俊為保存文物資料，將故宮博物院存京古物，搶運後方。來台後，曾任總統府國策顧問、國民黨戰評委員、國民黨中央紀律委員會委員……等職。於 1977 年以九十二歲高齡辭世。沈慧蓮女士曾歷任國民黨中央婦女運動委員會主任委員、中央執行委員中央評議委員、國民大會代表、中國紅十字會總會副會長等職務。因多年勞瘁引發心臟病疾，于 1974 年 11月去逝，享年八十四歲。其子馬紹棠曾任外交官。

　　冰瑩與馬夫人結識於民國二十七年的春天。民國二十六年九月冰瑩曾自組湖南婦女戰地服務團，後因戰事不利，她退到漢口，因胃病大發，只好去重慶接受《新民報》的邀請，主編副刊〈血潮〉，另也奉當時教育部次長張道藩先生之命，撰寫抗戰通俗小說。結識馬夫人是在一次張道藩先生邀請馬星樵伉儷吃飯宴席上，冰瑩也在座，馬夫人一見她就很親切地直呼其名：「冰瑩、冰瑩」，並邀請她以及她朋友，一道去參加不久她要舉辦的一個茶會，說她們都是勇敢的女英雄。冰瑩推說不能參加，因要去開慢性鼻竇炎的刀，馬夫人一聽說，馬上詢問冰瑩在那家醫院開，醫生的大名，還說要去照顧她。道藩先生並說：「馬夫人當過醫生，開過醫院，妳在前方為傷兵服務，如今回到後方醫病，馬夫人去看護妳是應該的。」[10]

　　這是冰瑩第一次遇到的大手術。從打麻藥開始到開完刀，共七小時，馬夫人都是寸步不離的在她身旁，開刀完，還燉雞湯給她補充營養，就像她的母親，見她穿到醫院的衣服不夠溫暖，擔心她出院會受涼，立即為她做一件又軟又暖和的新棉袍；冰瑩手術醒來，感謝她的相陪以及照顧，馬夫人的一番話，令冰瑩感動不已，她說：「本來手術室，不准任何人進去的，但我是例外，為了不放心，我請求陳大夫，特別許我站在那裏，我也穿上手術衣、戴上帽子、口罩……」她又說：「鼻子距離頭腦、眼睛、嘴巴都接近，又是呼吸最重要的器官，稍為不小心，萬一有一點差錯，怎麼得了？妳麻醉得不省人事，一點恐懼痛苦都沒有，我這個旁觀者，真是膽戰心驚，暗中為妳禱告上帝保佑妳，使妳平安渡過這

10　謝冰瑩：《冰瑩懷舊・追懷馬夫人沈慧蓮女士》（台北：三民書局，1991年 5 月初版），頁 30。

場災難[11]。」當時冰瑩母逝不久，如果不是馬夫人像母親般的照顧她、安慰她、鼓勵她，也許她無法有勇氣進開刀房。

對馬夫人有一件令冰瑩遺憾愧疚的事，永遠也不可能彌補起來。那就是馬夫人喜愛她，想收她做乾女兒，冰瑩拒絕了，她以為馬夫人才長她十四、五歲，怎可做她的媽媽，甚且難為情的對馬夫人說：在沒人時，不要當著別人面前，我才叫您媽媽好麼？馬夫人生氣了，收乾女兒是正大光明的事，為甚麼要偷偷摸摸。這件事後來一直令冰瑩後悔、懊惱不已，為何要堅決拒絕令馬夫人高興，而對己無損的事呢？馬夫人對她如慈母般的恩情，直到她生命結束的一剎那，她也永遠報答不完。

第二節　永誌難忘的師長情誼

一個人的成功，除了本身應具備的才情之外，尚需加上個人的努力，而外在的助力更是不可少的要件。冰瑩的成功自不例外，除了前面所提到的一些長者外，以下要介紹的李青崖先生，在寫作上，給予她很多的啟發；高鴻縉先生，在工作上，給了她很大的幫忙；豐子愷先生，與她之間亦師亦友的情誼；這些人在她人生的道路上都是令她永誌難忘的。

（一）、中學國文教師李青崖先生：民國十三年（1924）的秋天，冰瑩就讀的湖南女師，學校請了研究莫泊桑小說的專家李青崖先生教他們的國文，當時冰瑩聽到這個消息，真是欣喜若狂，於是在第一次作文的時候，把一個大約一萬字左右的短篇小說一

---

11 謝冰瑩：《冰瑩懷舊·追懷馬夫人沈慧蓮女士》，頁 34。

「初戀」繳了卷，心想有了李先生的教導，作文一定會更有進步，沒想到兩個月過後，作文簿還沒發下來，冰瑩按耐不住去質問時，李先生淡淡的回答她：「你們年紀還輕，不應該寫那麼長的文章，應從簡潔入手，最好寫五六百字的文章。」；「你應該控制你的感情，控制你的思想，不要寫那些拖泥帶水，嚕哩嚕嗦的文章。」[12]；當時一方面李先生因忙無法抽暇修改冰瑩的文章，另方面他覺得文章不在乎長，而在精采，所以就將冰瑩的小說束之高閣了。

　　在當時冰瑩完全無法瞭解李先生的用意，意氣用事的再也不繳作文，學期結束時她的作文竟是「零分」，但當她得知自己幫同學在一刻鐘內代寫的論文反而是八十五分時，她笑了，其實她的文章已得到李先生的認同。

　　民國三十二年（1943）的春天，冰瑩回湖南掃墓，無意間碰到將近二十年不見的李先生，李先生過的是極其清苦的生活，在書房兼客廳和飯廳的房間裏，除了堆滿了莫泊桑的全集，以及一些譯稿、原稿外，什麼也沒有。談起多年前的往事，冰瑩為當時的年少不懂事向李先生懺悔，他一點也不計較，冰瑩感受到的是他的寬宏度量，慈愛心腸；李先生一生研究福羅拜爾和莫泊桑的作品，「你要把生命獻給文學」，這是福羅拜爾對莫泊桑說的一句話，也正是李先生的寫照，這種精神值得冰瑩崇拜及學習。而李先生對寫文章的看法：「文章不在乎長，而在精采。」；「要控制好感情及思想」；「不要拖泥帶水」[13]……等等，對寫文章精闢的見解，在冰瑩往後寫作方面或多或少都起過一定的影響。

　　李先生原名李允，青崖是他的筆名，一八八六年生於湖南湘

12　謝冰瑩：《作家印象記‧李青崖》（台北：三民書局，1978 年 12 月 4 版，頁 41。
13　謝冰瑩：《作家印象記‧李青崖》，頁 41。

陰,一九一四年畢業於比國列日大學理學院。回國以後,曾任省
立湖南大學教授;湖南省立第一女師、周南女校國文教員;國立
同濟大學附中校長;國立中央大學、湖南大學、上海復旦大學以
及私立中國公學、大夏大學等教授。李先生讀的是理學,然而他
愛好文學,曾是英國文學研究會的會員,譯作很多,有:《波華荔
夫人傳》、《莫泊桑小說集》……等多種;著作有:上海〈短篇集〉,
一九三五年的世界文學〈論文集〉。[14]

（二）、恩深難報的高鴻縉先生:冰瑩一家人能夠來到台灣,
過了二十多年的安靜幸福生活,完全是高鴻縉先生的賜予。

冰瑩和高鴻縉先生的認識,是間接由梁舒里先生的牽線,而
且來台教書中間也是經過輾轉的過程。於民國三十五年（1946）
的冬天,冰瑩一家人從漢口遷居於北平時,暫住在一位劉克定先
生的家,和劉先生同院住的,有位梁舒里先生,在一次聊天中,
梁舒里先生告訴冰瑩:「也許不久要去台灣做事。」,那時台灣剛
光復不久,冰瑩也早聽說台灣是個四季如春,風景幽美的世外桃
源,於是也請梁先生幫忙留意,能否有教書的機會。

過了一年多之後,民國三十七年（1948）七月,冰瑩接到梁
先生自台灣的來信,信中告訴她希望就要實現,因為臺灣師範學
院國文系,要請她來教國文,並且告訴她該系主任是高鴻縉先生,
可請她的同鄉鄒謙先生（當時已在臺灣師範學院任教於心理系）
幫忙打聽,但在信中末了附筆說:「其實我不認識高鴻縉先生,是
轉託黃肅秋先生介紹的。」於是冰瑩寫了一封給高鴻縉主任的信,
託鄒先生轉交（鄒先生與冰瑩是世交,在故鄉新化就已認識的）;
一直到連收到高主任三封信和聘書及旅費後,冰瑩才將此事正式

---

14 謝冰瑩:《作家印象記・李青崖》,頁 43-44。

跟達明商量。

　　去台灣教書的事，起初冰瑩也只是姑且試試，加之與高鴻縉主任素昧平生，沒想到竟夢想成真。達明知道後大發雷霆，且堅決反對。因為從抗戰開始後，一直生活於動盪不安的情況，目前好不容易才穩定下來，去台灣又要將一個家拆散，就連冰瑩去徵求她就讀北平師大時的國文系主任黎錦熙先生的意見時，也遭到反對。由於冰瑩的堅持，以及朋友的勸說，達明才勉強答應，於是冰瑩帶著女兒莉莉先來台，誰知，大陸很快就淪陷，沒過多久，兩個孩子和達明都相繼來到台灣。冰瑩一直心存感恩，一家人得以在台團聚，以及好幾位朋友，先後能逃出虎口，都是拜高鴻縉先生所賜。

　　據《冰瑩懷舊》追念高鴻縉一文中，描述高先生是「平易近人，虛懷若谷」、「樂道安貧，布衣疏食」、「寬大為懷，人人皆友」的一位令人尊敬的學者、長者。同事和學生都以高老夫子稱呼他，以示尊敬。

　　在冰瑩剛到台灣時，高鴻縉先生和其夫人，對她們母女熱情款待，使她們有賓至如歸而沒有寄人籬下的感覺；在課程上，高先生支持她開「新文藝課程」，聽到有人反對白話文教學的「新文藝課程」時，冰瑩描述：『高老夫子一點也不生氣，如此回答那人：「新文學有它那一套，不是那麼簡單，我們要迎合潮流，青年人喜歡白話，就應該讓他們看白話，寫白話，我覺得文學沒有新舊之分，只有好壞之別。」[15]這句「文學沒有新舊之分，只有好壞之別。」和冰瑩的看法不謀而合』，而這門「新文藝課程」，在冰瑩任職的二十餘年，成為師大最受歡迎的課程之一，也因而造就

15　謝冰瑩：《冰瑩懷舊·追念高鴻縉先生》，頁98。

了很多有成就的青年作家。

高老夫子從不與人勾心鬥角,致力於文字學研究四十多年,對於甲骨文、鐘鼎文、有精深的研究,從他那裡冰瑩獲得很多文字學的知識,在做人方面她也學到了一些忠恕之道。冰瑩曾聽到一個有關高老夫子一手提拔的先生,在背後大罵他沒有學問,高老夫子只是笑一笑說:「本來我就沒有學問嘛,所以到老來還要天天讀書,以求上進。」別人問他:「難道不生氣麼?」他說:「不氣!不氣!孔夫子,孟夫子是聖人,都有人罵,何況我是個平凡的鄉下人,怎能禁止人不罵呢?」[16]冰瑩形容高老夫子多麼開闊的胸懷!多麼高尚的修養!

高老夫子從外表看上去,總是穿著一件灰色長袍,挾著一個藍布包袱,搖著一把芭蕉蒲扇,就像個鄉下私塾的教書先生;其實他曾於民國十二年奉政府命令赴舊金山出席過世界教育會議;並曾赴美留學;也曾赴歐洲,考察英、法、德等國的教育設施,但同事及學生很少有人聽他講過一句英文;在吃的方面他也很隨和,高師母說:「無論我煮什麼菜,他總是說,好吃,好吃。」他只知道一天到晚研究他的學問,勸他休息,他總是說:「越到老年,越不能休息,因為在世的日子不多了,而我們要研究的東西越來越多。」[17]

高老夫子在做人方面是一個百分之百的忠厚長者,在他的腦子裏,人人都是好人,沒有壞人,這點是別人辦不到的,尤其令人佩服;其治學態度,不主一家,不宗一派,無不是以客觀態度去研究;這樣一位公正篤實,大公無私,學術本位第一的學者,是值得令人敬佩及景仰的。

---

16 同上註,頁 100。
17 謝冰瑩:《冰瑩懷舊‧追念高鴻縉先生》,頁 101。

　　高鴻縉先生，字笏之，民國前二十一年（1891）七月二十八日生於湖北沔陽。從小跟隨他的父親丹園老先生習四書五經和說文。十二歲入武昌公立東路高等小學堂，畢業後升中學，每年成績，都是名列前茅。民國八年（1919）畢業於武昌高師英語部，民國十二年（1923）赴美留學，十五年（1926）學成歸國。於民國三十六年（1947）應聘來台擔任台灣省立師範學院（即現之國立師範大學）國文系主任，民國五十年夏天應新加坡南洋大學之聘講學兩年。在師大教過的課程有：文字學、古文字學、訓詁學、詩經、論語、孟子等。民國五十二年（1963）六月十八日因腎臟病逝世，享年七十三歲。笏之先生窮其四十年精力曾著《中國字例》一書。[18]

　　（三）、令人敬重的豐子愷先生：冰瑩和豐子愷先生的交往，始於《從軍日記》的封面。於民國十七年（1928），冰瑩的《從軍日記》於上海春潮書店第一次出版，冰瑩因為喜歡豐子愷先生的畫；當她還在長沙古稻田，湖南第一女師讀書的時候，子愷先生的兩幅「花生米不滿足」和「瞻瞻新官人，軟軟新娘子，寶姐姐做媒人」的畫，就一直深深印在她的腦海；為了崇拜他，也為了愛好他的畫，冰瑩冒昧的寫了一封信，希望他能為即將出版的拙作畫一個封面，豐先生回信竟一口答應了。果然兩天之後，冰瑩收到了，封面畫的是一羣孩子們，手裏拿著刀槍，中間有一個比較高大的騎在馬上，很像一個指揮官，而那匹馬活像一條狗；顯然的這畫非出自豐先生的手，果然，豐先生的信裏說明，書名和畫，連簽名，都是他的六歲愛女軟軟的傑作；春潮書店的夏康農和方撫華兩位先生，以及冰瑩看過之後，都笑得合不攏嘴；冰瑩

---

18 謝冰瑩：《冰瑩懷舊・追念高鴻縉先生》，頁 103-104。

說：「只要有子愷兩字在上面，不論畫甚麼都是好的；何況我最愛小孩，幼年時，我真的當過『司令』，這封面太有趣了。」[19]果然，《從軍日記》銷售的非常好，一版再版，書的內容吸引了廣大讀者是一原因，另方面有林語堂先生的序，再其次有子愷先生畫的有趣封面，也當功不可沒吧！

　　為了答謝豐子愷先生，冰瑩親自到他家道謝。子愷先生給冰瑩的第一印象，仁慈、和藹、謙恭有禮，絲毫沒有大畫家的架子，兩人一見如故，子愷先生殷殷垂詢她在北伐當兵的生活，兩人聊得非常開心，一聊就是將近兩小時。子愷先生以及豐夫人當天一定要留冰瑩吃晚飯，冰瑩婉拒了。不過事後冰瑩回想，覺得自己很不懂人情事故，拜訪子愷先生家，竟兩手空空，甚麼禮物也沒帶。

　　子愷先生不僅待人和藹、誠懇，絕對講信用。民國二十九年至三十二年（1940-1943），冰瑩在西安主編《黃河》月刊，請他賜畫稿，子愷先生每次都如期寄來；民國三十四年（1945），冰瑩一家和子愷先生家都住在成都，兩家互動機會較多，冰瑩請子愷先生畫一幅畫，還要加一幅字，掛在客廳，守信用的子愷先生，在第三天親自將字畫送上門來，畫的內容是：「一張四方型的小桌子，坐了三個人，另一面畫了一株梅花」，畫題是：「小桌呼朋三面坐，留將一面與梅花。」，冰瑩看到畫，高興的像孩子，並說：「畫中的三人，就是畫的我們三個，梅花是我們的國花，也是我最愛的一種花[20]（冰瑩在晚年時，習畫就是畫的梅花）。」送的字，是〈杜甫的聞官軍收河南河北〉詩，這首詩正是抗戰勝利後的寫照。惟這些字畫在冰瑩應聘去馬來西亞執教的三年當中，被老鼠

---

19 謝冰瑩：《冰瑩懷舊‧悼念豐子愷先生》，頁 46。
20 謝冰瑩：《冰瑩懷舊‧悼念豐子愷先生》，頁 52。

及蟑螂咬得支離破碎，慘不忍賭！這是冰瑩深感歉疚及無法彌補的遺憾！

子愷先生有副菩薩心腸，民國二十六年（1937），冰瑩在湖南組織婦女戰地服務團，聽說子愷先生一家人，已由上海逃到了長沙，冰瑩去拜訪子愷先生，問起杭州的家—隨緣堂，子愷先生說：「敵人到杭州後，我們的隨緣堂也被毀了，我倒不替自己的房屋損失而傷心，我所擔憂的，是那些在炮火下犧牲了的無數生命。」有菩薩心腸的子愷先生，生性愛孩子和自然風景，愛一切生物，他說：「孩子是純潔的，自然是偉大的，人的生死是有輪迴因果的，我們絕對不能傷害生物……」[21]，當他看見日本軍閥那樣摧殘，屠殺我們的同胞，令他非常悲傷、痛心！還有子愷先生也從不計較稿酬，有些根本沒稿費的，或付不起潤筆的，他都以同樣誠懇態度對待，毫無不高興的表情。

子愷先生也是一個很有幽默感的人。民國三十八年的春天，冰瑩與在台北中山堂開畫展的子愷先生碰到了，冰瑩問他為何不在台灣定居下來，子愷先生竟以「沒有好酒」回答，引得大家都笑了。

子愷先生，生平沒有別的嗜好，除了喜歡喝幾杯酒，便是吟詩、寫文章、繪畫及翻譯書。聽說他在青年時代是很瀟灑的，說話的聲音抑揚高低，非常悅耳好聽。子愷先生後來改吃素、信佛、愛好靜坐，據說都是受到他的老師李叔同（於民國七年七月在杭州虎豹寺出家的弘一法師）影響的緣故。當他在杭州第一師範讀書時，曾受教過於李叔同的木炭畫，後來李叔同先生出了家，子愷先生因欽佩叔同老師的人格和思想，從此他改變了畫風，幾乎

---

21 謝冰瑩：《冰瑩懷舊・悼念豐子愷先生》，頁 51。

每幅畫都是勸人戒殺，另人看了慈悲之心，油然而生。

　　子愷先生和弘一法師曾一起合作《護生畫集》，此畫集開始於1925年，那年弘一法師剛好五十歲，初集五十幅，由子愷先生作畫，弘一法師題詞。有很多人因為看了《護生畫集》而信佛，而吃長素。弘一法師圓寂後，《護生畫三集》，是請葉公綽先生題詞的。冰瑩最後一次跟子愷先生碰面，是在民國三十八年那次畫展上，子愷先生曾留杭州地址給她，但去信皆石沉大海，從此兩人再也沒見過面。

　　冰瑩在晚年篤信佛教，深嗜佛書，與子愷先生的因緣，或許也是因素之一吧！

　　豐子愷（1898～1975），浙江崇德人，早歲留學日本，返國後歷任復旦大學、浙江大學等校教授；又創辦立達學園，曾任開明書店編輯，著作有《緣緣堂隨筆》等數十種〈據謝冰瑩《冰瑩懷舊》其著作目錄，分類有漫畫之部、小品散文、音樂之部、藝術之部、及翻譯部份五大類〉，為一代文化界巨擘，文學美術大師，對於近代社會的影響至為深遠。

第三節　在日本求學時的友人

　　「人生實在太渺茫了，聚散無常，生死無常；正因為人生太短促，太渺茫，所以我特別覺得友情的可貴……」這是冰瑩在《我在日本・後記》說的話。冰瑩一生的遭遇，除了本身就是個傳奇的人物之外，朋友在她的生命歷程上，絕對是不可被忽視的重要因素。她曾有兩次去日本留學的經驗，兩次學業都未完成，一次因參加「九一八事件」追悼會，被限制三天內離境；另一次因不

參加溥儀朝日歡迎會，被警察署抓進監牢關了三週，這次遇難若不是「柳亞子」先生的搭救，就沒有日後的謝冰瑩，後來也因靠著日本朋友「竹中繁子」的暗中幫忙安排，冰瑩才得以安全回到上海。

　　冰瑩在日本留學的先後兩次，靠的都是朋友的幫助，才得以安身，才得以脫險。這些人都可說是冰瑩人生道路上的貴人。

　　　（一）、對人誠懇熱心的秦元邦先生：民國二十年（1931），冰瑩第一次赴日，跑到人地生疏的東京求學。當她在在神戶的船上，日本人來查票，她完全聽不懂對方在說甚麼話時，她才警覺到自己太糊塗，膽子也太大了，僅會講幾句日本話，竟敢隻身赴日求學；此時幸虧遇到秦元邦先生。

　　秦先生是廣東人，是東京帝大的三年級學生，學的是經濟，冰瑩描寫他是一位忠實誠懇，熱心助人的君子；秦先生首先把日常最簡單的話，教會冰瑩；接著為她購買轉到東京的車票；知道她無處安身，安排她去東中野一個中野女生寄宿舍的地方；冰瑩因秦先生的安排，才得以在她第一天到東京時就有一安身之處，他並於第二天即帶冰瑩去報名學日語。[22]

　　後來聽到瀋陽事變，冰瑩想即刻回上海，他勸冰瑩不可衝動，他說：「妳回去有甚麼用呢？好不容易來到日本，至少妳也得讀兩三年書，學業告一個段落才回去。」[23]鼓勵她，叫她忍耐；冰瑩事後想過，萬一秦先生不是個好人，口蜜腹劍，把她帶到旅館去，或者把她給賣掉，如何得了！秦先生是冰瑩去日本求學碰到的第一個好人。

---

22 謝冰瑩：《我在日本‧秦元邦先生》（台北：東大圖書，1984 年 9 月初版），
　　頁 3。
23 謝冰瑩：《我在日本‧中野女生宿舍》，頁 6。

（二）、主張正義公理的竹中繁子：民國二十四年（1935），冰瑩第二次以謝彬的身份赴日求學，這次學業仍無所成，倒差點丟了性命，只因她不去參加偽滿皇帝溥儀朝日的歡迎遊行，被冠以叛亂行為，在被關三週的監獄裡，被嚴刑烤打外還被迫簽字承認犯罪的悔過書，每當回想起這段往事，另她氣憤填膺且終身難忘，但也因此使她結識了生命中的多位貴人。這些為真理、正義、人道奮鬥的戰士，永遠存在她的腦海中。

「竹中繁子」是冰瑩值得永遠紀念的第一位。冰瑩和她認識是「于立忱」介紹的，當時于是天津益世報的記者，就住在竹中的家裏，她向冰瑩介紹竹中是一位可親可敬，捨己為人的偉大女性，當時她是東京朝日新聞的名記者，六十多歲，不喜歡交際，也不喜歡多講話，有一副慈悲的心腸，及有正義、人道的思想，對待朋友永遠是那麼熱情、誠懇。

冰瑩與竹中一見如故，竹中招待她吃點心、水果，並留她用餐，說：「……妳是一個有革命思想的新女性，我想你不會見外的。」吃飯時三人都不語，冰瑩覺得太嚴肅了，竹中說：「謝樣不要見怪，我是不會說應酬話的，也許妳覺得奇怪吧？一個新聞記者，是應該八面玲瓏的，對不對？」[24]竹中就是如此一個不說應酬話，也不多話，但路見不平，會拔刀相助有正義之人。

當她得知冰瑩被捕時非常氣憤，她對冰瑩朋友立忱說：「豈有此理，無緣無故，逮捕國外作家，太野蠻，太無理了！這是日本政府的恥辱，我們一定要援救謝樣，使她早日得到自由。」果然，當冰瑩被營救出獄後，竹中安排她住進日華學會，以免被日警和流氓騷擾，另外暗中幫忙她假藉去養病，使冰瑩悄悄離開日本，

---

24 謝冰瑩：《我在日本‧懷念幾位日本朋友-富正義感的竹中繁子》，頁34。

回國後又精心安排日本朋友接應她，使冰瑩得以安然脫險，其實竹中與冰瑩相識時間並不久，見面的次數也只不過七、八次而已，然而她卻能站在正義、公理、人道的立場幫助冰瑩，這份恩情足以令她永生感激不忘。

（三）、患難見真情的武田泰淳：冰瑩第二次到日本時，本來是住在「櫻之家」，為了跟武田泰淳教授彼此交換中日文，她搬到離武田住的目黑區，走路只要兩三分鐘路程，武田為她租的大鳥公寓，不料就在這間公寓，冰瑩無罪被抓，關進監牢三週，武田也因冰瑩的關係被牽連，坐了一個半月的監獄。

這件事令冰瑩對武田非常歉疚，深感對不起這位異國朋友。在獄中武田為了叫冰瑩放心，曾冒著生命的危險，請一位每天早晨奉命收拾鋪蓋，打掃過道的囚犯，偷偷傳遞紙條給冰瑩，紙條上寫著：「口供要一致，我們除了交換教授外，沒有任何思想上的事情。」冰瑩回答武田：「對不起，你是因我而牽連我難過極了。」武田安慰冰瑩：「既來之，則安之。難過沒有用，妳要鎮靜，想得開。」冰瑩在獄中絕食，七天不吃飯，武田勸她：「千萬不可！要好好保重。」冰瑩第一次受腦刑時，悲觀的說，自己也許不久人世，武田安慰鼓勵她：「忍耐，忍耐，千萬不要悲觀！」在獄中因有武田這樣的朋友，給她精神上的支持、安慰、鼓勵才使她更有勇氣去跟惡勢力奮鬥，患難見真情，彌足珍貴。

武田先生特別喜歡中國文化，一生都投入中國文學研究上面，他生於 1912 年，本名叫武田覺，十八歲時，開始學中國語文，第二年，考入東京帝大，支那哲學系，改名武田泰淳。1935 年 4 月 12 日，冰瑩與武田同時被捕，在東京及上海各大報，都有新聞轉載，武田先生曾寫過一篇有關「謝冰瑩事件」的文章，可見那次坐牢，也是他生平大事之一。民國二十六年（1937）七月七日

抗戰開始，武田曾被派遣到華中服務，他在前方，居然抽空寫了〈司馬遷與史記〉，寄給《中國文學》上發表，他於 1939 年 10月，以上等兵資格退役，回到日本，繼續寫〈司馬遷論〉，還兼論臧克家與卞之琳兩人的新詩。於 1951 年 1 月，與女作家「鈴木百合子」結婚，次年生下女兒，取名花子，他故意將女兒取此名，因為在中國風俗，希望兒女易養成人，往往喜歡叫小狗、小牛、丫頭之類的名子，可見他深知中國文化。1973 年，武田因《快樂》一書得日本文學獎，次年武田泰淳《中國小說集》由新潮社出版。1976 年，武田因胃癌去世。冰瑩記得在她初遷入大鳥公寓時，武田每晚都要問她：「住得慣嗎？你要嫌做飯太麻煩，就來舍下吃飯，家母很喜歡你，說你直爽、大方；何況又是我的中文老師，應該好好招待你的。」武田就是這樣一位熱情，重視友誼的人。[25]

　　（四）、其他雪中送炭的朋友：冰瑩說她是幸運的，她交的朋友，都是雪中送炭的，越處困境，越看出她們的真情。除了以上所提到的三位外，還有她最敬佩的、對中國留學生特別有好感的「實藤惠秀」老師；在她被捕時，花費很多時間以及精神為她奔走的《婦人文藝》創辦人「神近市子」；出獄後抱著鮮花、手提蛋糕來訪問她，回國時，車子已移動，遠遠抱著一束鮮花來不及送行的神近市子得力助手「加藤英子」；不懼一再退稿，將自己奮鬥史以真實故事寫成小說，終至成名的《放浪記》作者「林芙美子」；這些人都留在她的腦海中，有的甚且再也不曾謀面，卻是她一輩子無法忘懷的朋友，這些朋友給予她的不計日後報答與否的鼓勵、溫情，應該都是她寫作最好的滋養。

---

25 謝冰瑩：《我在日本‧懷念幾位日本朋友-獄中難友-武田泰淳》，頁 35-44。

第五章 謝冰瑩的作品分期介紹

作品是一個人思想、行為、情感的表達，而時代背景環境與作者個人成長經歷，都直接間接影響作品，是故三者之間有著密不可分的關係。因冰瑩自出生至辭世，橫跨三個時代：出生於滿清末年民國初建；接著是軍伐割據、列強侵略、北伐、抗日、大陸失據；最後退守台灣寶島。由於作者身處詭譎變遷的時局，其作品，可說是時代的產物，與歷史的進程息息相關，觀其作品最大的特色，可看到時勢的變展，彷彿是一幕幕歷史在眼前放映。

第一節 謝冰瑩作品分期概說

謝冰瑩覺得人生最快樂的享受，就是讀書及寫作。她在中學就已把五百多本小說看完了，在校讀書時別人把寫作文當做是一件痛苦的事，她卻樂在其中，而且從不打草稿，不僅速度快且寫得又好；後來為了生活，除了教書外，靠寫作賺錢變成她一大財源，加之寫作是她的興趣，又勤奮不懈，因此作品多產，可說著作等身。她的作品種類繁多，舉凡散文、小說、傳記、書信、報告文學、兒童文學、佛教文學、遊記、論著等各種體裁皆有。

本文將其作品分為三期：前期、中期、晚期。前期為作者在大陸時期，以出《從軍日記》單行版開始；中期以民國三十七年

（1948）來台灣任教開始至退休赴美定居（1948-1971）；晚期則自臺灣師範大學退休赴美定居至辭世（1972-2000）；前期以散文、小說、傳記、報告文學為體裁，書寫內容時代氣息濃郁，具有特殊意義；中期及晚期作品不難看到處處懷鄉憶舊之作，有許多是舊作再版，或將原數個單行本重新組合，或重新印刷，另作者也嘗試新作如寫電影劇本，同時涉獵兒童文學、佛教文學、遊記的創作，及部分學術論著；定居美國期間，雖仍有創作，數量已減少，僅限遊記、雜感或報刊讀者信箱專欄；因冰瑩著作數目繁多，又跨三個時代，版本頗為雜亂，為謀求統一，所有作品之版本以來台後出版為主，並以近年大陸安徽文藝社出版之《謝冰瑩文集》為輔。

　　部分前期作品因時隔遙遠，又因 1948 年政局變動，若作品不得見到，則不作內容說明。

第二節　謝冰瑩作品介紹

一、散文類：

（一）前期作品：

1、《從軍日記》民國十七年，上海春潮書局出版

　　此書內容以日記體裁記錄作者參加北伐從軍的所感、所聞、所見，每日刊登於民國十六年五月十四日至六月二十二日之漢口中央日報。

2、《麓山集》民國十九年，上海光明書局出版

　　此書收錄有〈愛晚亭〉、〈望斷天涯兒不歸〉、〈麓山掇拾〉、〈重上征途〉等十五篇短文。評之者認為：冰心的散文，以柔見長，

冰瑩散文，以柔中帶剛取勝。因其作品大多用第一人稱（認為用第一人稱）來寫，使讀者看了格外親切、有興趣，容易引起同情，容易起共鳴作用。[1]

3、《我的學生生活》民國二十二年，上海光華書局出版

4、《軍中隨筆》民國二十六年，廣州日報社出版

5、《湖南的風》民國二十六年，上海北新書局出版

此書收錄有〈女苦力〉、〈有趣的離婚〉、〈挑煤炭的小姑娘〉、〈小土豪〉、〈別矣可愛的孩子們〉等二十四篇短文。

6、《抗戰文選集》民國三十年，西安建國出版社出版

7、《生日》民國三十五年，上海北新書局出版

此書收錄有〈狂歡之夜〉、〈再會吧，成都〉、〈偉大的行列〉、〈失望中的希望〉、〈向驚濤駭浪中前進〉等十七篇短文。

8、《冰瑩創作選》民國三十五年，上海新象書局出版

（二）中期作品：

1、《愛晚亭》民國四十三年，台北三民書局出版

此書乃是冰瑩來台後出版的第一本散文集，蘇雪林曾說：「冰瑩的散文集我愛讀的是《愛晚亭》」[2]，以蘇雪林在文學創作的輝煌地位，可知冰瑩的《愛晚亭》受到喜愛及肯定的程度。《愛晚亭》裏共收錄四十篇短文，分為四輯，第一輯為抒情小品，第二輯為描寫記敘，第三輯為雜感隨筆，第四輯為閱讀寫作。其中有六篇被選為中學國文教材，分別是：〈兩塊不平凡的刺繡〉（原名，〈哀思〉）、〈愛晚亭〉、〈蘆溝橋的獅子〉、〈台灣素描〉、〈雨港基隆〉、〈故

---

1 參考關國煊：〈民國人物小傳〉，台北：《傳記文學》第八十二卷第三期（1993年3月），頁143。
2 蘇雪林在〈謝冰瑩與她的女兵自傳〉一文中說：「冰瑩的散文集我愛讀的是《愛晚亭》；小說體的傳記我愛讀的是《女兵自傳》。」見聯副三十年文學大系編輯委員會編：《現代文學論》（台北：聯合報社，1981年12月），頁581。

鄉的烤紅藷〉等六篇。其中《偉大的母親》寫於二十六年;《關於女兵自傳》是三十五年寫的之外;其餘三十八篇都是來台灣之後,民國四十三年的作品。

2、《綠窗寄語》民國四十四年,台北三民書局出版

此書內容是作者於民國三十八年應《中央日報·婦女與家庭週刊》索稿,用書簡體裁回答讀者詢問有關讀書與寫作,戀愛和婚姻的問題。共收錄有〈和女青年們談寫作〉、〈關於十個問題的答案〉、〈怎樣搜集材料〉等二十二篇。於民國六十年此書於原來二十二篇後又加上〈談立志〉等十八篇書簡。回答內容以年輕人出路與戀愛問題較多。[3]作者在序裏說:「在這本小冊子裡面,沒有高深的理論,也沒有美麗的辭藻,有的是忠實的報導,真摯的友情,和我一點讀書的心得,以及對於戀愛的看法。」[4]她以為現代年輕人,有許多苦悶,有許多是無病呻吟的,只要放開眼界一看,社會上有多少不如我們處境的人,便知道自己實在是太幸福了。

3、《故鄉》民國四十六年,台北力行書局出版

此書是繼《愛晚亭》之後,來台灣發行的第二本散文集,是冰瑩於民國四十六年赴馬來西亞華聯中學應聘之前,交給台北力行書局排印的。共有三十九篇文章,約十五萬字,分為六輯,第一輯「抒情」,含有:〈母親的生日〉、〈故鄉〉等六篇;第二輯「人物」,含有:〈我的國文老師〉、〈我所知道的林芙美子〉等五篇;第三輯「山水」,含有:〈北斗坪和毛女洞〉、〈花溪憶遊〉等五篇;第四輯「生活雜憶」,含有:〈不堪回首憶紅樓〉、〈與脂粉無緣〉等五篇;第五輯「雜文」,含有:〈曇花〉、〈生命的跳動〉、〈紅豆〉

3　謝冰瑩:《綠窗寄語·序二》(台北:三民書局,民國六十年初版)。
4　謝冰瑩:《綠窗寄語·序一》。

等七篇；第六輯「閱讀與寫作」含有：〈怎樣欣賞世界名著〉、〈約翰克利斯朵夫〉、等十一篇。冰瑩在此書〈寫在前面〉說：此書是我真實感情流露的小品，寫得並不好，然而每一句話，都是出之於肺腑，其中有悲哀；有快樂；有眼淚；也有微笑。

　　4、《作家印象記》民國五十六年，台北三民書局出版

　　早在民國三十六年，冰瑩為了考證莫泊桑的死，一星期要去北平圖書館好幾次，當時就有編一本有相當分量的作家印象記的念頭，又鑑於初來台灣任教時，大部分的青年，都不知道「五四」以後，中國究竟有多少作家，她以為如果能作一個有系統的介紹，未始不是件好事。這本集子裏，每篇文章的原始資料，都是力求真實完備，而且都是每位作家親自填寫的，自然忠實可靠。資料表格形式，共分十二項，包括：真實姓名、字號、筆名、生平、籍貫、學歷、履歷、著作及譯作、抗戰期間活動、所加入之社團、評傳資料、現在職業及住址。冰瑩記得朱自清先生把表寄來時，附了一封信，說他本來最不喜歡填表，但當他講授某個作家作品時，因很難找到他的資料，對學生無從介紹，因此很贊成她對作者作詳細的調查，希望她的這本書趕快出版，且要先預約一本。此書共提供了王平陵、王獨清、方瑋德、朱自清、朱湘等二十六個中國五四作家資料；另外三位是外國作家：一位是韓國的崔貞熙、一位是菲律賓的康沙禮士、最後一位是一九一五年諾貝爾文學獎得主的法國作家羅曼羅蘭。

　　5、《夢裡的微笑》民國五十六年，台北光啟出版社出版

　　此書是冰瑩作為自己年滿花甲的紀念。全書共分五輯，第一輯「錦繡河山」，含有：〈臘鼓聲中金門行〉、〈馬祖風光〉、〈澎湖七小時〉、〈日月潭上〉、〈憶西湖〉等四十六篇；第二輯「青年書信」，含有：〈怎樣自修〉、〈常用字、詞的錯誤〉等十篇；第三輯

「抒情小品」，含有：〈遙遠的祝福〉、〈夢裡的微笑〉等五篇；第四輯「閱讀心得」，含有：〈逃向自由城的主題和技巧〉、〈詩一般的「薔薇頰」〉等十二篇；第五輯「生活雜感」，含有：〈斷了線的風箏〉、〈櫻花開的時候〉等七篇。

6、《我的回憶》民國五十六年，台北三民書局出版

所收錄的大都是作者憶往之作，自〈平凡的半生〉、〈女兵生活〉、〈戰時生活〉、至附錄〈鵠磯憶語〉，共有五十八篇短文。

7、《生命的光輝》民國六十年，台北三民書局出版

此書是繼《愛晚亭》、《故鄉》之後，冰瑩的第三本小品文集子。內容仍舊以回憶為主。裏面所描寫的人物，不論是死者、生者，都曾在冰瑩生命史上留下不可磨滅的印象，冰瑩希望藉此書與朋友們一起分享她真摯的感情。自〈國慶的懷念〉、〈可愛的農曆年〉、〈美麗的回憶〉……至〈我是家政補習班的老學生〉、〈文債〉、〈父親的遺囑〉止共有三十一篇。

（三）晚期作品：

1、《舊金山的霧》民國六十三年，台北三民書局出版

此書，分為上下兩輯：上輯是民國五十七年冰瑩第一次去美國探望孩子所寫的，自〈西雅圖之夜〉、〈舊金山之旅〉……至〈橫渡太平洋〉、〈在東京逛百貨店〉、〈太平洋上歡度國慶〉止，共有三十七篇；下輯是冰瑩於民國六十年第二次赴美後所寫的，自〈香港遇颱風記〉、〈故鄉的雲〉〈斷腿記〉……至〈夏威夷的天堂公園〉、〈看海豚和鯨魚跳舞〉、〈水仙花后 ── 聾啞女郎〉、〈舊金山的霧〉止，共有十八篇。其中〈斷腿記〉的幾篇文章，記錄了冰瑩因腿斷所受的折磨與痛苦，因為腿痛，行動不便，也影響到她的精神，使她煩悶，消極，甚至於有時很悲觀，一些寫作的材料，也相繼悶死在她腦海中；可是當她讀到一封封來自朋友、讀者，充滿了

熱情和關懷的信時，使她又有活下去的勇氣了，並且自勉要和病魔奮鬥到底，絕不輕易放下筆。這些心路歷程，此書都娓娓道來，使讀者深深為之感動。

2、《舊金山的四寶》民國七十年，國語日報社出版

出版此書時，冰瑩年七十五歲。在此書的《序言》裏她提及：「自己是個從小到老，熱愛兒童教育的人，雖然是七十五歲的人了，已到了視線模糊、腦筋遲鈍、手指顫動的地步，實在不能再寫文章了！但還在為《世界日報》兒童版主編「賈奶奶信箱」，祇因為她實在是太愛小朋友了，她要永遠不離開他們，做他們永遠的朋友。」此書內容有三部分，大都是與兒童教育有關的文章：一部分是她於民國六十一年（1972）十一月十三日至民國六十二年（1973）十一月一日止，與小朋友在《小讀者雜誌》通信，寫了十二封信的內容；一部分是她主持「賈奶奶信箱」的五個故事；另三篇則是：〈祖母的枴杖〉、〈我的少年生活〉以及〈小橋·流水·人家〉共二十篇。

3、《冰瑩憶往》民國八十年，台北三民書出版

此書收錄的大都為憶舊之作重新出版，自〈我的少年生活〉、〈中學生活的回憶〉、〈投考軍校的回憶〉……至〈斷了線的風箏〉、〈望信〉、〈記憶力衰退〉、〈樂極生悲〉止，共有三十八篇。

4、《冰瑩懷舊》民國八十年，台北三民書局

此書為作者懷舊之作品，大都是追念親人、故舊、恩師之文。自〈悼念仁慈的校長—蔣公〉、〈慈湖謁靈記〉、〈敬悼兩位國語導師〉……至〈李嫂〉、〈慘痛的金婚〉、〈最後的遺言〉止，共有二十八篇。

5、《作家與作品》民國八十年，台北三民書局出版

本書所收錄的文章，亦為舊作重新出版，內容為抒發作家及

作者個人如何寫作之心得，自〈記孫伏園〉、〈憶林語堂先生〉……至〈怎樣寫長篇小說大綱〉、〈五版訂正序言〉、〈聖水養命的故事〉止，共有三十三篇。

二、小說類：

（一）前期作品：

1、《前路》（短篇）民國十九年，上海光明書局出版

2、《青年王國材》（長篇）民國十九年，上海開華書局出版

3、《血流》（短篇）民國二十二年，上海光華書局出版

4、《偉大的女性》（短篇）民國二十二年，上海光華書局出版

5、《梅子姑娘》（短篇）民國三十年，西安新中國文化出版社出版

這是一篇發生在抗戰時的故事。描寫一位從日本被派來慰安日本軍隊的梅子姑娘，她因厭惡日本人的違背天理，毫無人性的殘暴行為，勸她的日本皇軍男朋友中條，與她一起棄日投中。由此篇短篇小說可知當時日本人兇殘的侵略暴行，不僅中國人痛恨，就是日本人自己也不恥。

6、《姊姊》（短篇）民國三十一年，西安建國出版社出版

此篇小說的主角，正是冰瑩自己姐姐的故事。描寫姐姐生長在封建家庭，個性溫良，從裏小腳到婚姻，一切聽從家裏的安排，逆來順受，不敢反抗，一生悲慘的故事。

7、《離婚》（中篇）民國三十五年，上海光明書局出版

這是一個先生外遇，妻子重新站起來的故事。發生在抗戰時期，男主角是軍人王國強，擔任旅長，在前線與日本人作戰；妻子曼茵，帶著兩個小孩在後方，因為分離日久，國強有了外遇，但他不肯離婚，要享齊人之福，曼茵覺得如果沒有了感情，婚姻

又不可挽回，離婚反而是好的，因為她要替無數被壓迫的婦女出一口氣，打破國強一夫多妻的封建觀念。曼茵用理智克制情感，不作愛情俘虜，並且出外工作，經濟獨立，靠自己力量走出來。故事雖簡單、平常，但對女性不肯向封建舊思想低頭，具有特殊意義。

（二）中期作品：

1、《紅豆》（長篇）民國四十三年，台北眾文圖書公司出版

這是冰瑩自大陸來台，發表的第一篇長篇小說。以台灣為背景，描寫一個大學生和一個中學生的戀愛悲喜劇，男主角林子欽和女主角李玉梅，是一對善良的青年，富於愛國熱忱，因玉梅父親以金錢與地位作為選婿條件，使得二人愛情路上受到折磨與阻礙。此篇內容不脫濃厚的政治色彩，因當時國共剛分裂，竟有人建議冰瑩將兩人寫成光復大陸後再結婚。

2、《聖潔的靈魂》（短篇）民國四十三年，香港亞州出版社出版

寫一個潔身自愛的養女李寶珠，不願受養父李阿狗的逼迫出賣靈魂，又因養父反對她和外省籍江老師來往，在她被強暴後以身殉情，保留她聖潔的靈魂給愛人，一個悲悽的愛情故事。

3、《霧》（短篇）民國四十四年，台南大方書局出版

4、《碧瑤之戀》民國四十五年，台北力行書局出版

以旅居菲律賓的青年僑生為題材，敘述在這個大時代中，青年們的苦悶和他們的出路問題。

5、《空谷幽蘭》（短篇）民國五十二年，台北廣文書局出版

6、《在烽火中》（中短篇）民國五十七年，中華文化復興出版社出版

本書收錄了〈在烽火中〉、〈伙伕李林〉、〈怪醫生〉、〈道是無

情卻有情〉……等九篇中短篇小說。〈在烽火中〉本來冰瑩準備以長篇小說來寫，在民國三十二年她由成都到湖南故鄉給父母掃墓時，在金城江的旅店被小偷盜走了一只箱子，裏面除了有旅費、名片、相片、日記外，還有〈在烽火中〉的大綱和人物表，來台灣後，冰瑩將它改寫為六萬字的中篇小說。這是一個發生於抗日時期，女主角李芷英，為了愛國，同時也為了她的愛人，從敵人的鐵蹄下參加抗戰的故事。〈怪醫生〉是個令人想像不出的怪人，他能夠忍受多年的痛苦，其愛國情操，是值得我們深深佩服的。〈道是無情卻有情〉寫中年婦女的悲哀，在現實社會不難找到類似例子。

三、傳記類：

（一）前期作品：

1、《一個女兵的自傳》（後改為《女兵自傳》）民國二十五年，上海良友圖書公司出版

據冰瑩《我的回憶》描述此書的起緣是這樣的：

有幾位正在辦刊物的朋友，他們看過《從軍日後》後，希望她繼續寫第二部作品，性質和《從軍日後》差不多，主要是表現在那個時代的女性，如何地從封建的家庭裏衝出來，走進這五光十色的社會，吃過多少苦，受過多少刺激，始終不灰心，不墮落，仍然在努力奮鬥，再接再勵……她始終不敢答應，後來林語堂先生在上海出版《宇宙風》、《人間世》，都是提倡小品文的權威刊物，她寫了幾篇寄去，想不到良友圖書公司的主編趙家璧先生大為欣賞，來信要她趕快寫一部書交給他出版，書名也已定好了，叫做《一個女兵的自傳》……她覺得這責任太大了！因為這不是一部普通虛構的小說，這是傳記體裁，傳記，百分之百要真實才有價

值；否則就成為傳奇小說了。民國二十一年，冰瑩匆忙離開廈門中學，回到長沙，趙家璧先生又不斷地來信鼓勵她寫自傳，並且限定在三個月完成，但直到冰瑩從日本回來才把上卷寫完。從〈祖母告訴我的故事〉開始，寫到〈第四次逃奔〉止。

2、《一個女性的奮鬥》民國三十年，香港世界文化出版社

此書是中英對照，冰瑩的原著，林語堂兩位女公子：林如雙、林如斯的英譯，書中分為七章：第一章「幼年時代」下，有〈我的家庭〉、〈黃金的兒童時代〉、〈採茶女〉……等五篇；第二章「求學時代」下，有〈近視眼先生〉、〈未成功的自殺〉、〈小學時代的生活〉……等六篇；第三章「從軍時代」下，有〈被開除了〉、〈入伍〉、〈紀律〉……等七篇；第四章「家庭監獄」下有〈被母親關起來了〉、〈慘痛的惡耗〉二篇；第五章「逃奔」下，有〈第一次逃奔〉、〈第二次逃奔〉……等四篇；第六章「飄流」下，有〈小學教員〉一篇；第七章「饑餓與戀愛」下，有〈北平〉、〈回到南邊〉……等四篇。

3、《女兵十年》民國三十六年，北平紅籃出版社出版

此書上卷，為原來民國二十五年，上海良友圖書公司出版之《一個女兵的自傳》；冰瑩於抗戰勝利後的第二年，應趙家璧先生之邀，抱病完成中卷，她記得寫上卷時，裏面有好幾處非常有趣得地方，一面寫，一面笑，自己彷彿成了瘋子；可是寫到中卷時，裏面沒有歡笑，只有痛苦，只有悲哀。寫的時候，她不知流了多少眼淚，好幾次淚水把字沖洗掉了，一連改寫三四次都不成功，于是索性把筆放下，等到大哭一場之後再來重寫。以《女兵十年》書名出版。

（二）中期作品：

1、《我的少年時代》民國四十四年，台北正中書局出版

此書是作者少年時代傳記，從〈一個女孩子的故事〉、〈愛喝酒的祖父〉、〈祖母的拐杖〉、〈父親的花園〉至〈考取了師範〉、〈我沒有假期〉、〈投筆從戎〉等二十六篇文章。

2、《女兵自傳》民國四十五年，台北力行書局出版

此書是作者前期作品，由兩部分合訂。上卷，為原來民國二十五年，上海良友圖書公司出版之《一個女兵的自傳》，自〈祖母告訴我的故事〉開始至〈第四次逃奔〉止；加上中卷，為民國三十六年，北平紅籃出版社出版之《女兵十年》；來台後將上、中兩卷由三十六萬字，刪去了十四萬字，書名改為《女兵自傳》，重新出版，自〈祖母告訴我的故事〉開始至〈戰區巡禮〉止，共八十一篇。

（三）晚期作品：

1、《女兵自傳》（增訂本）民國六十九年，台北東大圖書公司出版

此書是作者前期作品，為原來之《女兵自傳》內容。自〈祖母告訴我的故事〉始，至〈戰區巡禮〉共收錄八十一篇文章外，又增加了三部份資料：一、我的青年時代；二、女兵生活；三、大學生活。要瞭解冰瑩前半生，此書可說是最詳盡的資料。

四、書信類：

（一）前期作品：

1、《青年書信》民國十九年，上海北新書局出版

2、《寫給青年作家的信》民國三十一年，西安東大書局出版

（二）晚期作品：

赴美定居至辭世期間，即民國六十一年至八十九年（1972-2000）

1、《給青年朋友的信（上、下）》民國七十年，台北東大書局
出版

這部書，共分上下兩集，內容與《綠窗寄語》大致相同，在
此書的〈序言〉中，冰瑩說道：這兩本書，是她獻給青年朋友的
一個小小禮物，是她此生最後留給青少年朋友的紀念。上集解答
交友、戀愛、失戀、離婚、如何寫作等問題；下集偏重於文藝寫
作理論，舉凡小說、散文、詩歌、戲劇、電影、兒童文學，都談
到一點。

2、《冰瑩書柬》民國七十六年，台北東大書局出版

冰瑩曾為《慈航》[5]季刊主持一段時間的信箱，以便解答一些
青年讀者提出的問題，此書將那些斷簡殘篇收集起來，印成冊子，
留作紀念。全書收錄八十八封比較有系統的信，加以分類，成三
大部分：一、關於讀書，有二十五篇；二、關於寫作，有三十三
篇；三、其他，有二十九篇；最後加上四篇與閱讀寫作有關的附
錄：〈我所認識的林語堂先生〉、〈送雪林告別杏壇〉、〈充滿了詩情
畫意的白茶小品〉、以及冰瑩高足黃麗貞的〈寫在書後〉。

3、《冰瑩書信》民國八十年，台北三民書局出版

本書內容除開頭〈半世紀前的一封信〉，寫於民國十六年參加
北伐從軍，寫給女同學的信是舊作外，其餘都是新作：有赴美後
於世界日報主持的「賈奶奶信箱」四篇；給不幸的昭昭「未付郵
的信」兩篇；「給女兒的信」五篇；「給臺灣的朋友」十五篇；「海

5　一生為弘揚佛法而努力奮鬥的清和姑，特地從台北請乘如法師去馬尼拉，
　　創辦《慈航》季刊，這是紀念慈航老法師——「以佛心為己心，以師志為
　　己志」的一個特別佛教刊物，這裏說的特別，是指它不像普通一般佛教刊
　　物，除了高深的理論，用通俗的文字傳達而外，主要的是發表各名作家的
　　小說、散文、詩歌，以接引一般對佛教、對文藝發生興趣的青年男女，使
　　他們因這份刊物的媒介，而走上積極的、光明的、充滿了快樂、希望的人
　　生大道。以上是冰瑩於《冰瑩書柬》再版序提及對《慈航》所做的解釋。
　　見謝冰瑩：《冰瑩書柬》（台北：東大圖書出版，民國 78 年 1 月再版）。

外寄英英」十五篇;「附錄」八篇。

五、報告文學：

（一）前期作品：

1、《在火線上》民國二十七年，上海生活書局出版

2、《戰士的手》民國二十七年，重慶獨立出版社出版

3、《第五戰區巡禮》民國二十七年，廣西日報社出版

4、《新從軍日記》民國二十七年，上海天馬書局出版

5、《在日本獄中》民國二十九年，上海遠東圖書公司

（二）晚期作品：

1、《抗戰日記》民國七十年，台北東大書局出版

此書資料，分為三部分，上、中、下三集。上集「抗戰日記」，原名《新從軍日記》，收錄民國二十六年九月十四日起至十一月三十日止冰瑩自組「湖南婦女戰地服務團」為戰士服務的日記，自〈重上征途〉……至〈我們在前線再見吧〉共有八十六篇;中集「在火線上」，也是冰瑩上前線的日記，收錄自〈前方的漢奸〉……至〈肚子打穿了的傷兵〉共有十篇，另加一篇附錄:〈代表前方受傷將士呼籲〉;下集「第五戰區巡禮」，寫台兒莊勝利前後的一些戰地報導，收錄自〈來到了潢川〉……至〈葉縣之夜〉共有二十六篇，另加二篇附錄:〈抗戰期中的婦女訓練問題〉、〈怎樣發動廣大的婦女參加抗戰〉及一篇後記;全書對抗戰有忠實的感想記錄，是很珍貴的富有歷史價值的報導作品。

2、《我在日本》民國七十三年，台北東大書局出版

冰瑩曾二次赴日求學。第一次於民國二十年，第二次於民國二十四年，學業都未完成，第二次還被逮捕入獄。此書分為上下兩集:上集第一部分寫第一次去日本，自冰瑩踏上日本船開始，

至被日警驅逐返國，參加「一二八」抗日運動為止；第二部分寫第二次去日本，懷念的一些朋友，自〈秦元邦先生〉……至〈我最敬佩的實騰老師〉共有二十五篇。下集，是原來的《在日本獄中》，對冰瑩入獄始末、如何被營救都有忠實的記錄，自〈難道我犯了愛國罪嗎〉、〈櫻花開的時候〉……至〈回到祖母的懷抱來了〉共有二十五篇。

六、兒童文學：

（一）中期作品：

1、《愛的故事》民國四十四年，台北正中書局出版

此書是冰瑩來台的第一本兒童創作，故事很多都以抗戰為時代背景，充滿愛國意識情操，唯筆者以為對小朋友而言，恐不夠輕鬆嫌嚴肅了些。收錄自〈我愛爸媽更愛國家〉、〈偉大的海〉……至〈找到了爸爸的江小預〉共有十篇。

2、《動物的故事》民國四十四年，台北正中書局出版

3、《太子歷險記》民國四十四年，台北正中書局出版

此書冰瑩告訴小朋友十九個故事，每個故事都有它的主題及涵意。如〈成功城〉，告訴小朋友凡做一件事，只要不灰心，不半途而廢，終久會成功。〈神秘的金碗〉，告訴小朋友一切榮華富貴都像曇花一現似的不能長久，只有一顆博愛的心，才是永恆不滅的。〈太子歷險記〉，是一個象徵故事，雖然我們生存在這弱肉強食的世界，隨時會有像太子一樣的遭遇，但是只要有冷靜的頭腦、堅強的意志、奮鬥的精神，最後的勝利將會屬於我們。

4、《仁慈的鹿王》民國五十二年，台中《慈明月刊》出版社出版

5、《給小讀者》民國五十二年，台北蘭台書局出版

　　這是冰瑩來台十五年，第一本寫給小朋友的公開信：告訴小朋友怎樣讀書？怎樣蒐集作文材料？怎樣寫日記和遊記的方法？並且將每種文體都加以舉例說明；在做人方面，她也給小朋友許多正確的指示，要他們保有一顆赤子之心。

　　6、《南京與北京》民國五十三年，台北華國出版社出版

　　此書藉著一位父親趁著台灣光復，帶一對姐弟蓮生與宜生回到他們嚮往已久的祖國參觀，遊覽的地方就是南京與北京近郊的觀光勝地。其實本書是冰瑩藉遊覽以抒發自己思鄉之情，自〈回到祖國的懷抱〉、〈陵園勝地〉……至〈憑欄望故宮〉共有十八篇。

　　7、《小冬流浪記》民國五十五年，國語日報社出版

　　此書描寫小冬是一個可憐的孩子，因受繼母的虐待，逃家流浪；最後繼母受到感化，小冬也回家了。此書告訴小朋友要孝順父母，體諒他們的辛苦，家庭才會和睦，一家人才能幸福快樂。

　　8、《林琳》民國五十五年，教育廳出版

　　9、《善光公主》民國五十八年，慈航雜誌社出版

　　（二）晚期作品：

　　1、《小讀者與我》民國七十三年，香港文化互助社出版

七、佛教文學：

　　（一）晚期作品：

　　1、《觀音蓮》民國六十四年，玄奘寺出版

　　冰瑩於民國四十三年皈依佛教，法名「慈瑩」，晚年致力於推展佛教文學，本書提到有關〈論積極培養佛教人才〉的文章，介紹她的師父—慈航法師、偉大的鑑真和尚，介紹一些寺廟，也談到舍利子、齋戒閉關等問題，全書共收錄二十六篇有關佛學文章，如要更瞭解晚年的冰瑩，此書是不可忽視的參考資料。

2、《新生集》民國七十一四年，北投普濟寺出版

八、遊記類：

（一）中期作品：

1、《菲島記遊》民國四十五年，台北力行書局出版

冰瑩為了搜集小說《碧瑤之戀》的資料，於民國四十五年四月十七日，曾隨迎接僑生的軍艦，遊歷了一次馬尼拉，這本書就是在停留馬尼拉短短的九十六小時，對菲島所做的記遊巡禮。《碧瑤之戀》是以菲律賓為背景的一部僑胞愛國的小說，在《菲島記遊·代序》裡她說：「我絕對不能閉門造車……我下決心要想法達到去菲律賓的目的……因為小說裏面的主角是坐海船來臺灣的，我必須有這一段海上生活的經驗才行。」由此可知冰瑩為文認真的態度。此書自〈我是怎樣搜集材料的？（代序）〉、〈第一次乘軍艦〉……至〈最興奮的一夜〉止，共有二十七篇。

2、《馬來亞遊記》民國五十年，台北力行書局出版

冰瑩曾於民國四十六年，應聘至馬來西亞華聯中學任教三年。值得一提的是本書是冰瑩自費出書，在本書〈自序〉裏她提及：「在馬來亞住了三年零一個月，南自新加坡，北至亞羅士打，走遍了大半個國家，只有東海岸和坡璃市、吉蘭丹、森美蘭……幾個地方沒去。」她認為既然自己喜歡遊山玩水，每到一處，應要留下一點雪泥鴻爪，又恐怕日子久了，留在腦海裏的印象，會慢慢淡忘，這本《馬來亞遊記》，便是在這種情形下產生的。本來《馬來亞遊記》冰瑩打算分上下兩冊出版，此書為上集，上冊的內容包括馬來亞、印度的風俗習慣、風光描寫，以及華僑在海外的婚俗、教育大概情形；本書自〈出國前夕〉、〈曼谷剪影〉至〈榴槤和山竹〉、〈油鬼子〉、〈家鬼的故事〉，共有三十篇。至於下集冰

瑩在《馬來亞遊記·自序》裏提及:「下冊著重我們僑胞在海外蓽路藍縷,創業艱辛的情形,以及風景人物介紹……我相信下冊的內容一定比上冊更加豐富。」但後來不知為何原因,並未見到出版,只在《海天漫遊·自序》裏冰瑩輕描淡寫提到:為了上集曾遭受過一個小小的打擊,所以不想再出。

3、《海天漫遊》民國五十七年,台北三民書局出版

此書的內容有兩大部分:其一冰瑩去馬尼拉講學,寫的一些遊記;其二於民國五十四年,應韓國《女苑雜誌社》的邀請,與潘琦君、王蓉子兩位作家,訪問漢城十天,回國後陸續寫了二十多篇見聞;本書目錄有三部分:「星馬之部」、「菲律賓之部」、「韓國之部」。「星馬之部」自〈虎豹別墅〉、〈水族館〉……至〈蛇廟奇景〉、〈我到了香港〉、〈舊地重遊〉共有十六篇;「菲律賓之部」自〈忠魂橋〉、〈菲律賓國父故居及陳列館參觀記〉……至〈馬尼拉動物園〉、〈葛利亞的微笑〉、〈馬麵大王〉共有十六篇;「韓國之部」自〈小別臺灣〉、〈由東京到漢城〉……至〈訪問板門店〉、〈華克山莊〉、〈我做了「皇帝」〉共有二十一篇。

(二)晚期作品:

1、《冰瑩遊記》民國八十年,台北三民書局出版

此書共收錄二十三篇文章,其中十六篇都是描寫冰瑩來美國後的記遊,佔了本書的三分之二;另外五篇描寫馬來亞的檳城、太平山,以及澎湖、金門、馬祖等地;其餘二篇,一篇是介紹位於成都張獻忠的七殺碑、另一篇則是冰瑩念念不忘的愛晚亭。

九、論著類:

(一)中期作品:

1、《我怎樣寫作》民國五十年,台北學生出版社出版

2、《文學欣賞》（合著）民國五十三年，台北三民書局出版

此書是冰瑩與左松超聯合編著，內收三十篇文章。編這本書要回溯到冰瑩在北平師大講授新文藝課時，當時就有一個心願：希望把看過的世界名著，心得寫出來，公諸同好。後因冰瑩功課繁重，身體多病，就把此事擱下了，幸虧左松超的幫忙，才得以出書。冰瑩特別聲明：在這本集子裏，有一個共同點，儘可能把作者的身世介紹出來，同時作品中的主題、結構、人物、背景、寫作技巧……都加以仔細分析，仔細研究；特別是幾篇附錄；對苦學成名的巴爾札克、短篇小說之王的莫泊桑、偉大的作家托爾斯泰，都有更深一層的介紹，希望對愛好寫作的青年朋友有幫助。

冰瑩說過如此的話：「對於寫作，各種體裁我都想學習……散文、小說、兒童故事，我都喜歡寫……」[6]從以上作品的介紹，說她著作等身應該當之無愧，各種體裁也幾乎都兼備了。縱然她認為自己文章寫得不夠好，是一堆未曾經過琢磨的粗硬石頭，是一束長在深山裡的青青野草，但她就是捨不得「封筆」。在她高齡八十一時，還勤奮寫作，她說：「為什麼到了八十一，還捨不得「封筆」？是為了世間還有許多不平、悽慘、悲壯、苦悶、快樂、和未來充滿了光明、新希望的事，所以我要寫；為了我的無數的可愛的小朋友讀者，我更要寫。我要寫到呼吸停止的前夕，只要我的腦、手、眼還能動。」[7]她寫作的精神實在令人值得學習及景仰。

---

6 謝冰瑩：《我的回憶·平凡的半生》（台北：三民書局，1989 年 5 月 5 版），頁 11。
7 謝冰瑩：《冰瑩憶往·我為什麼要寫作》（台北：三民書局，1991 年 5 月初版），頁 163。

第六章　謝冰瑩作品的思想特色

　　中心思想是作品的靈魂，主導情感的高度凝聚。[1]謝冰瑩豐富傳奇的遭遇經歷；作品洋溢的鮮明時代色彩；喚醒女性意識，反抗封建思想的努力；堅強的奮鬥意志；純淨的愛國情操……都一一呈現在其作品中，本人將從其作品中擇其具有時代意義、獨特形象之作品為選擇，探討其主題思想，一窺作者作品真義。其作品主題思想展現，可分以下幾個部分：

第一節　鮮明的時代氣息

　　謝冰瑩的作品處處表現時代的氣息與軌跡，如果說時代成就了謝冰瑩，再貼切不過了。冰瑩的處女成名作《從軍日記》，正是應了時代的召喚。作品充滿著戰鬥激情，洋溢著純正革命情操。

　　五四運動，付以文學新生命、新氣象，五卅運動掀起了中國的革命高潮，當時的社會已有了革命文學的口號。郭沫若於民國十五年（1926）發表的〈革命與文學〉文中說：「……青年！青年！你們要把自己生活堅實起來，你門要把文藝的主潮認定！應該到

1　于培杰認為：「對作品主要內容的把握，它具體包括基本題材、中心思想與主導情感三個方面。」見于培杰：〈「主題」三議〉，《文學評論叢刊》第 27 輯（北京中國社會科學出版社，1985 年 12 月初版），頁 349。

兵間去！民間去！工廠去！革命的漩渦中去……」[2]蔣光慈在〈死去了的情緒〉中也說：「革命這件東西，倘若你歡迎它，你就有創作的活力；否則，你是一定要被它送到墳墓中去的。在現在的時代，有什麼東西能比革命還活潑，光采些？有什麼東西能比革命還有趣些，還羅曼蒂克些？……」[3]的確當時的時代還有什麼東西能比革命還重要？冰瑩所處的正是如此一個風雲多變的時代，必須要革軍閥的命，要革帝國主義的命，要革千年封建的命；才能將國家興盛、民族解救起來；因此她順應這個時代，把文學帶到革命的漩渦中去，走到兵間、民間，將她的作品帶進革命裏去，使她的作品光采了起來。

　　民國十五年（1926）國民革命軍在武漢招考中央軍校第六期，同時招收女生兩百多名，冰瑩是其中之一。這是中國有史以來，第一次有正式的女兵，出發前，她寫了一篇給女同學充滿革命感情的信，勸大家把感情武裝起來，要為國家犧牲自己的生命，發表於《革命日報》上。信中內容大致是這樣：「要女兵認清來學軍事是應時代的需要，認清現在是什麼時代？是革命的北伐時代，革誰的命呢？革軍閥與帝國主義者的命，革土豪劣紳、貪官污吏、買辦階級的命，革一切封建勢力的命。要女兵做個革命的實行者，首先要從自己革起！一切不良的習慣、不正確的思想、都要重新改造，成為一個服從紀律、思想革命化的新我。要女兵知道之所以投筆從戎，一方面固然是為自己謀求自由平等幸福，但革命的真正意義，是為全國同胞謀求自由平等利益幸福。同時更要女兵不要忘記中國過去婦女運動的失敗原因，是因為以前做婦女運動

---

2 王瑤：《中國新文學史稿》（上海：上海文藝出版社，1993 年 4 月第 6 次印刷），頁 62。
3 同上註，頁 65。

的她們，只謀本身的利益，忘了民眾的要求，這種自私的婦女革命，當然不能成功。革命一定要大多數民眾參加，才能達到成功的目的，因此要喚醒農村及城市一切被壓迫的婦女，站在一條線上，共同奮鬥，如此，五千年來被重重壓迫的婦女才能得到拯救，革命才能成功。」（《冰瑩書信・半世紀前的一封信》，頁 3-9）這些言詞洋溢著一位女子對國家前途的關注，以及對革命殷切的期待。

《從軍日記》所以能風靡當時文壇，很重要的一點它是非常明確的「革命文學」，除了充滿純正剛健的戰鬥氣息外，它與當時的時代以及歷史命脈是息息相通的。

在結束了一段女兵戰鬥生活後，冰瑩沉寂了一段時間，曾受過革命洗禮的冰瑩，重新拿起筆時，仍然是滿腔激情，所不同的是，馳騁沙場的熱情，改成了上海亭子間的悽哀；散文〈湖南的風〉描寫的對象大多是下層社會勞苦大眾，有農民、女苦力、有工人、也有貧民區形形色色的人，作者滿懷同情和不平之鳴，描寫他們的窮困、勞累，同時也讚頌他們蘊藏的頑強毅力。在〈挑煤炭的小姑娘〉讚頌一個十二歲的小女孩吃苦耐勞的精神，自己不及她：

> 有一個十二歲的女小孩子，她也裝好了滿滿的一擔煤在等候過秤，我走去將擔子放在肩上一試，不得了，剛放上去，兩肩就痛起來，我連忙放下來很慚愧的說：「太不行了，我這麼大的一個人為什麼不及這位小姑娘呢？」她們通通笑起來了，尤其是那位小姑娘笑的起勁……[4]

這些描寫儘管是較為表面的瑣碎現象，但畢竟從一些側面反

4　艾以、曹度編：《謝冰瑩文集　（下）》，（安徽：安徽文藝出版社，1990 年出版），頁 219。

映了 30 年代初期社會的某些實況,帶有鮮明的時代色彩,作者內心深處仍是流泄著一份對革命難以割捨的情思。

　　有人說:冰瑩文章的成就在傳記文學以及報告文學。《女兵自傳》是冰瑩最具魅力、最能打動人心的一本書,在當時社會幾乎人手一冊,冰瑩站在純客觀的地位,描寫主人翁所遭遇的一切不幸的命運。寫一個天真純潔的鄉下姑娘,和五千多年歷史的封建思想作戰,經過千辛萬苦離家跑到外面的主要目的是求學,尋找自由,求自我獨立,不倚賴別人。把自己的遭遇忠實反映出來,表現出時代女性獨特魅力以及奮鬥勇氣。

　　冰瑩在抗戰時期的一些報告文學作品,無疑也是最具時代氣息的代表。茅盾在〈關於報告文學〉一文中說:「每一時代都產生了它的有特性的文學,「報告」是我們在忽忙而多變的時代所產生的特性的文學樣式。」冰瑩和當時許多作家一樣,順應時代的需求,以寫作報告文學為主,構成了她創作的特色和貢獻。抗戰爆發,她毅然走出書齋,投身戰場,只因為身處在需要她貢獻一己微薄力量的大時代。

　　於民國二十六年(1937)七月七日蘆溝橋事變,點燃了中國對日抗戰的聖火,繼續了八年多,這是我國空前未有的大戰,軍民的死傷,無法統計多少,這也是一次驚天動地,轟動全世界的戰爭。冰瑩在〈新從軍日記‧序〉言裏說:

> 「對於抗戰前途,我是始終抱著樂觀的!雖然在我親眼看到民眾那種顛沛流離,士兵如潮湧般退下,而敵人正在拼命向我們一步緊一步進攻的時候,我總相信不久我們的失地,就要收回的;所感到不大滿意的,只是當時政治的力量發輝不夠,軍隊的紀律還欠嚴明;尤其是民眾太沒有組織,不了解抗戰的重要性,不能幫助抗戰。這些缺點,需

要立刻糾正，因此我將一切耳聞目觀的真像，都寫出來，作為前車之鑒。」[5]

在此篇序言裏，她清楚寫出對抗戰抱有的期許，但對民眾不清楚抗戰的重要，當時政治力量發揮的不夠，軍隊紀律欠嚴等等隱藏的憂心，也不避諱的說出。

在〈抗戰日記・新序〉記下了這場戰役我們付出的代價、痛苦：

「……這場浩劫，只有六十歲以上的人，才記得清楚，七十歲以上的人，才身受抗戰期中的種種痛苦；有的在槍林彈雨中，為保衛祖國死亡，有的受傷，至今成為殘疾；有的在前方，家人已被炸死，甚至全家大小無一幸存的；至於所有全國民眾，在前後方，以及淪陷區，所受的種種摧殘、壓迫、逃難生活的顛沛流離，母死子亡，真是悲慘到了極點，無法一一描述。」（《抗戰日記・抗戰日記新序》）

這場轟轟烈烈的戰爭，為中國歷史寫下血淚交織的痕軌，冰瑩〈新從軍日記〉、〈在火線上〉、〈第五戰區巡禮〉，這些作品一一為我們做了時代寫實的見證。冰瑩本人也認為對這些用將士們犧牲寶貴的生命所留存的資料，是值得珍惜並且具有一定時代的意義。

第二節　光彩的女兵形象

「女兵」這個稱呼，可說是冰瑩的另一個代號，只此一家，

---

5 謝冰瑩：《抗戰日記・新從軍日記原序》（台北：東大圖書，1988 年 11 月再版）。

別無分號。冰瑩是以《從軍日記》、《女兵自傳》成名文壇的，至此「女兵」這一代名詞，就跟她結下不解之緣。

　　所謂「光彩的女兵形象」，包含的是女兵予人一種：新奇的、陽光的、戰鬥的、勇敢的、健康的、愛國的形象。它代表的是冰瑩那個時代，史無前例的對女孩子敢向父母開口爭取離開閨閣，不顧封建社會異樣眼光，勇敢走進戰場，或從軍、或戰地服務的一個形象。

　　　　北伐時代的女兵，是和男兵一模一樣；著草鞋，打綁腿，一身灰布軍服，腰間束著一根小皮帶，背著步槍，走起路來，雄糾糾，氣昂昂，一點也沒有女人扭扭怩怩的姿態。(《女兵自傳‧女兵生活》，頁 355)

　　　　他們她們從我的頭頂一直望到腳跟，我的頭髮多少，恐怕她們都數清了！一位持枴仗的老婆婆說：「我長到八十多歲了，從沒有見過這樣大腳，沒頭髮，穿兵衣的女人。」[6]

　　她們的裝扮給人們新奇的形象，但也是陽光的、健康的。八十歲的老婆婆都覺得新鮮有趣。

　　在《從軍日記‧從峰口至新堤》給孫伏園的信裏，有這麼一段：

　　　　「在這一路中（其實無論到什麼地方都是一樣），我們──慧和我──得到了兩個笑話。一個笑話是我和慧去找WC，在一家鋪裏我扯了一位小姑娘的手，要求她引我到WC 去。她回頭望我嚇得魂飛魄散拼命逃走。她的父親連忙告訴她：『這是女兵，你不要怕，帶她們去吧！』哈哈！伏園先生，她們為甚麼不怕『女兵』，只怕『男兵』呢」[7]

---

6 艾以、曹度編：《謝冰瑩文集（上）‧寄自嘉魚》，頁 302。
7 艾以、曹度編：《謝冰瑩文集（上）‧從峰口至新堤》，頁 309。

「一般鄉下百姓，對於兵，都存著一種害怕的心理，只有對於女兵是不躲避的；因此我們無形中給與軍隊許多有力的幫助。比方每到一處，像雇挑夫，雇船，宿營，借用東西……這些事情一經過我們解釋，就很容易辦成功了。」

（《女兵自傳‧民眾工作》，頁314）

人們不怕女兵，而且辦事情比較容易成功，代表她們的形象已受正面的肯定，是陽光的、健康的，予人充分的信任感；另方面只怕男兵，代表的是那仍是一個封閉的社會，女子與男子的接觸不若同性間的被認可與平常，所以才會嚇得魂飛魄散拼命逃走。就這一點，冰瑩深深覺得女子走出去是對的。

「女人都上火線，我們還怕什麼？」（《抗戰日記‧戰地遺書》，頁260）

「我出發的目的原來是要喊著『殺！殺！殺！』的口號，和勇敢的戰士一同去衝鋒殺敵，嘗嘗槍林彈雨的滋味，奈何我們同走的軍隊，總是今天開到這裏駐防，明天開到那裏駐防，除了看見俘虜外，幾乎連敵人的影子也沒見過。」

「……我近來消瘦多了，臉上和手晒得不成樣子，但是很感覺快活的，什麼行軍之苦，我一點也沒有嘗到。但為了不能到前線去，很感覺不痛快（一般同志，都是如此）！」[8]

第一個例子短短的一句話，可知當時女兵代表的是一個勇敢的、戰鬥的形象，連女人都上了前線戰場，男人！你還在害怕顧忌什麼？第二個例子，是她給孫伏園的信，寫于1927年6月12日於峰口，等待能儘快上前線的途中。因為當時冰瑩在部隊擔任

---

8 艾以、曹度編：《謝冰瑩文集（上）‧說不盡的話留待下次再寫》，頁306。

救護的工作，可是她渴望嘗到衝鋒殺敵槍林彈雨的滋味，勇敢不懼的精神另人欽佩。

> 在戰地，我們的生活，是特別快樂的；雖然睡的是潮濕的地鋪，喝的是黃濁的溪水，吃的是硬飯、冷菜，穿的是單薄的衣褲；蓋著從上海婦女慰勞會捐贈的薄被，睡在朔風凜冽的堂屋裏，這一群平時過慣了舒服生活的小姐，一點也不感覺到痛苦。(《女兵自傳‧我們的生活》，頁 315)

戰地的生活、環境縱然多麼惡劣，女兵們卻一點也不覺得苦，反而特別快樂，因為大家的愛國信念是一致的，早日打倒軍閥，推翻帝國主義，得到勝利，早日就可過著平等自由幸福的日子。所以暫時的艱苦環境，是值得期待、忍耐的，戰鬥的、勇敢的、健康的愛國的形象，表露無疑。

> 在戰場上，無論是長官，是士兵，只要經過我們醫治過或者慰問過的，大家都有很好的感情，很深刻的印象。
>
> 為了我們的性情溫柔，即使有少數傷兵脾氣壞的，也都不願向我們發洩。當看護兵替他們洗傷口的時候，動作很重，傷兵叫一聲『唉喲』，對方就要板起面孔來罵他：『叫什麼？火線上還不知死了多少！』假若是服務團的團員就不同了，她們會很同情地安慰他：『同志，你忍受著暫時的痛吧，不久就會好的。你們的犧牲是光榮的，有價值的。你們是為了國家民族而受傷，好了之後，還希望你們再去殺敵……』(《女兵自傳‧在野戰醫院》，頁 313)

在戰場上，女性的溫柔，反而是傷兵的最大安慰。也同時給予他們衝鋒陷陣最大的鼓勵。

> 我高舉著團旗，走到隊伍的最前面，我們十七個人，大聲唱著抗戰歌曲，路上的每一個觀眾，都把視線集中在我們

身上。孩子們和許多散學歸來的男女學生，也跟著一同唱，一同叫著：『打倒日本帝國主義，中華民國萬歲……』的口號。整個長沙市都被我們這些女兵哄動了。(《女兵自傳‧忠孝不能兩全》，頁 310)

這是冰瑩在參加北伐解除武裝整整十年後，中日抗戰爆發，於民國二十六年九月自組「湖南婦女戰地服務團」，帶領十六個女孩北上抗敵，重上征途出發時的情景，這十六個女孩，都是第一次穿上武裝，第一次過軍隊生活，她們的精神、勇氣、形象，給女兵是多麼大的肯定與鼓舞。

在冰瑩早期的創作裏，作品內涵時時刻刻呈現給我們的，正如女兵的形象，往往是新奇的、陽光的、戰鬥的、勇敢的、健康的、愛國的。另一個廣義的含義，代表了冰瑩在人生道路上，是不屈服於黑暗困境的，對未來充滿的是熱情的展望，帶給我們的永遠是一股向上奮發的力量。

第三節　喚醒女性意識

謝冰瑩是我國二十世紀最早的女性覺醒者，應當之無愧。李夫澤先生說：「謝冰瑩是我國二十世紀最早的女性覺醒者和女性文學作家之一。她以叛逆者的姿態闖入社會，與以男性為中心的社會進行鬥爭，爭取平等與解放；她揮毫寫文章，辦刊物，用文學來喚醒女性的覺醒，體現出強烈而自覺的女性意識。」[9]冰瑩在喚醒女性意識上，在 30 至 40 年代，有絕對的貢獻與影響。

---

9 李夫澤：〈從「女人」到「人」的覺醒 —— 論謝冰瑩的女性意識〉，山東：《山東社會科學》2002 年第 5 期，頁 109。

　　本節的重點，擬從其作品中、不凡的遭遇（爭取求學、婚姻自主、拒絕纏足……）、叛逆的個性中、如何與封建思想抗爭、為爭取女性的覺醒所做的努力做一闡述。

　　在五四新文學時期，中國即有一批女性作家，表達了強烈的女性意識，如陳衡哲、丁玲等人。陳衡哲所代表的女性觀非常看重自己女性的特質，她認為男女平等不等於「女子男子化」，特別強調「母職」的功能，否則會帶來畸形的、殘缺的人生。丁玲則強調「女人是人」，女作家應該由女性「小我」，邁向社會「大我」，走向社會，走向大眾。

　　謝冰瑩的女性觀，則是以丁玲為代表的。她向自古傳統的封建思想挑戰：她打破推翻了女性自小纏足的封建固執觀念，她向封建固執的母親，爭取女子也可上學的機會，她推翻父母安排的婚姻，爭取自主戀愛婚姻權利，以女子從軍報國，為歷史寫下開創的一頁，以用文字表達喚醒女性的覺醒。如

　　一、首先是爭取求學：冰瑩覺醒的女性意識，第一步就是爭取求學。一個不識字，沒有文化的女子，無論有天大的本領，也是走不出去家庭的，更別說在社會立足了。在冰瑩的故鄉，風氣閉塞的農村，離她家一里路的地方，雖有一個私塾，但那是專門為男孩子設立的，在這鄉村裏生長的女孩子，連學校的門檻都別想跨過去，何況夢想進學校。但冰瑩做到了，當她十歲那年，向母親請求好幾次，母親終於允許她進了私塾，在她的故鄉從沒有女子讀書的，她是第一個。讀完私塾後，冰瑩還想繼續讀書，母親以女孩子只要識字，做個賢妻良母，侍奉翁姑，管理家產即可，何況在私塾期間，冰瑩已讀完了《女子國文》八本，《四字女經》一本，以及半冊《幼學》和《論語》，對一個女子而言綽綽有餘，但冰瑩說：

「我只覺得我需要讀書，我需要知識，正像我需要吃飯穿
衣一般。我不懂女子為什麼生來就只能做人家的老婆，替
丈夫生兒子，受公婆的虐待，正像姐姐一樣。」（《女兵自傳·
未成功的自殺》，頁 25）

冰瑩小小年紀就知唯有讀書，唯有受教育，才能衝破像姐姐
的命運，不要只依附男人；她以為讀書就像穿衣吃飯一般這麼平
常的一件事。她以絕食向母親表示求學的堅定，終於在絕食的第
三天，母親答應了她兩年後送她去讀書的心願。冰瑩從大同女小、
益陽教會學校、上海藝大、北平女師大，一路讀上去，為了能翻
譯好的文學作品，她甚至曾兩度去扶桑求學，雖然求學的過程，
並不順利，但這是求得獨立自主最可靠的方法，因為讀書才有跟
人競爭的基本條件，才能脫離家庭的依靠，不依附男性，才能立
足於社會，做一個真正獨立的女性。

二、其次是拒絕纏足：裹小腳，是中國幾千年來女子無法翻
身的禁錮。要得到真正的自由，做自己的主人，是冰瑩喚醒自己
女性意識做的一個抉擇。

「入大同女校，是在我十二歲的那年。當我踏近學校的門，
看見許多活潑天真的女孩子在拍皮球，跳繩時，我簡直懷
疑自己走進了天堂……可是有一件事，使我深深地感到苦
痛：我的腳還是緊緊地被帶子裹著，本來我可以解開，然
而母親的條件是不裹腳，就不許我讀書……最後我不反對
她們將我的裹腳布通通燒掉，下大雨時，我也像她們一樣，
赤著腳在天井裏玩水。」（《女兵自傳·小學時代的生活》，頁 28）

去掉裹腳布，是冰瑩正式以叛逆之姿向母權挑戰，用一雙天
足，冰瑩懷疑是否走進了天堂？這也是開始了她正式放開腳步，
踏上人生路途的一大步。

　　三、再其次是爭取戀愛婚姻自主權：美麗浪漫的愛情，是每一個男女所衷心盼望擁有的，幸福美滿的婚姻也是每人所夢寐以求的。在冰瑩所處的半開放社會，封建的思潮仍以父母作主的婚姻為主，為了爭取自主的婚姻，冰瑩在「退婚」達不到父母的允准下，以當時女子所無法做到的、驚駭世俗的「逃婚」為手段，最後終於達到解除婚約的目地。

　　冰瑩為了取得父母諒解，不能答應沒有感情基礎的婚約。她說：

> 「我和蕭明是絕對不能結合的！他與我不但沒有半點愛情，簡直連感情都沒有；他的思想、興趣，都不和我相同；他的個性、能力……，我完全不瞭解，怎麼好同他結成夫婦呢？」

> 「男女二人，一定要經過情感的進化，才能達到結婚的目的。何況夫婦乃是一生的快樂與幸福的創造者；倘若思想不同各走各路，愛情立刻會破裂的」（《女兵自傳‧被母親關起來了》，頁99-100）

　　冰瑩以為婚姻一定要有感情的基礎，二人不但是夫婦，同時也應該是摯愛的朋友，忠實的伴侶。

　　她又以為現代的婚姻，是與改造社會有直接關係的，絕不是像封建時代一般，僅僅在組織一個家庭。她以為她有選擇伴侶的權利。父母親卻用禮教壓制她：「快不要丟醜了，一個閨女，也能選擇丈夫嗎？」「笑話！禮教也敢反對嗎？」「它是數千年聖人立下的」。這些教條仍無法說服冰瑩不為自己的婚姻爭取自主，經過四次逃婚，最後終於達成目的。不屈服於制式教條，不以女子該遵守封建的規範，為自由的戀愛婚姻，冰瑩勇敢的向舊社會挑戰，這又是一次女性意識抬頭的勝利。

但當她清楚自己所追求嚮往的婚姻，並不能如預期的是一分心靈的交流與共融時，又能很勇敢的斬斷。在小說《清算》裡清楚明白訴說自己與符號戀情與婚姻的看法：

「難道愛情是這樣流動性的嗎」

「……你沒有把我當人看待，我簡直成了你的一種商品……」

「你把我當做什麼東西呢？我是舊式丈夫的老婆，還是新官僚的姨太？」

「……不願做愛情的奴隸，我是屬於社會的，我像男人一般為社會工作，我更須要自由……我不相信沒有愛人就不能生活的話，我的人格是獨立的……」[10]

她不願做男人的附屬品，也明白自己是屬於社會的，需要自由及獨立的人格。離婚的勇氣，正如當初她勇於追求自主的婚姻與愛情般堅定，為了更光明的前程，她展現了女性天生堅韌的一面，毅然捨棄不適合自己的婚姻，也連同割捨年方一歲的女兒，她與符號分手後也曾有過幾段戀情，在當時民風尚未開放的社會，她的勇氣值得喝采，她的行為也頗受到爭議，當時就有人認為她的行為是否太浪漫了？在後來她與她先生賈達明交往時，就曾反問過：你不在乎別人說我太浪漫嗎？在感情婚姻上，冰瑩做為一位新女性意識覺醒的代表，是值得被肯定的。

四、再就是不平之鳴：在進女師的第二年，她剛滿十五歲，她發表了一篇《剎那的印象》，為維護女性的自尊，發出第一聲不平之鳴。〈剎那的印象〉描寫她去一位同鄉家，這家剛剛買了一個十三歲的丫頭，女主人是一位師長太太，她命令這個女孩走路給

---

10 艾以、曹度編：《謝冰瑩文集（下）‧清算》，頁 43-85。

冰瑩她們看，合不合乎一個師長公館用的丫頭，冰瑩氣得飯沒吃下，就藉故回校了，她氣師長太太沒人道，把人當畜牲看。在她小時，母親因她太調皮，給她一件每天吃了早飯去採茶的事做，採茶的女孩大都是童養媳，那些童養媳每天至少要採一百多斤的茶葉，所得只有幾個銅板，但這些錢也都要交給她們的婆婆保管，當時她就很替這些童養媳抱不平，在她小小的心靈內心深處，早已悄悄播下女性意識的覺醒。

五、最後是經濟獨立自主：婦女要自主，首先要有經濟能力養活自己。魯迅就曾說過，娜拉出走後，只有兩條路可走，要麼回家，要麼墮落，因為她沒有工作，沒有經濟來源，她不可能在社會上立足和生存。冰瑩在文章中對獨立、用勞力換取工資的女性發出讚歎之聲。

在〈有趣的離婚〉中稱讚一位離婚的女人，是一個獨立的女性。一位婦女被批准了離婚，要還借她錢的丈夫，不過她丈夫借給她的是十塊大洋，她現在因窮困，只能還十塊小洋。冰瑩說：

> 這樣稀罕的事，我還是第一次見到。無論在目前中國的哪個階級裏的人們，如果離婚，總是男的給贍養費或者離婚費給女人的；而這裏的女人，不但不需要什麼贍養費，連用了幾塊錢都要還清，真不愧一個獨立的女性。[11]

在〈女苦力中〉一文內描寫那些用自己勞力換取生活的婦女，是美麗的、獨立的、神聖的：

> 「她們和丈夫完全立在平等的地位。經濟當然獨立的，她不但不倚靠男子生活，有時還要幫助男子，養活自己的孩子，她們出嫁的時候，什麼聘禮和嫁妝都不需要。只要送

---

11 艾以、曹度編：《謝冰瑩文集（下）·有趣的離去》，頁217。

> 給她一條扁擔就夠了……以強壯的勞力，換取自己的吃
> 穿，她們是獨立的，真正的生產者，神聖勞動的女苦力！」
> 12

不過李夫澤先生質疑：一條扁擔要撐起一片天空，謝冰瑩把婦女的解放看得過於簡單，過於膚淺。他認為：男人和女人只要存在著性別差異，男女之間的矛盾就難以調和……婦女的真正的解放，除了全社會的解放外，還必須改變傳統社會的所有構結……[13]但本人卻對婦女的解放，有著樂觀積極的看法，目前台灣的社會在男女兩性方面不論是在社會上、經濟上、教育上、政治上早已處於平等的地位，對冰瑩在她那個半開放仍封建的時代裡，為喚醒女性意識所做的努力，有其深遠的意義及價值。

第四節　堅毅的奮鬥意志

苦難始終追隨著冰瑩，但她不曾被打倒，我們看到的是一個愈挫愈勇的堅強女性。她堅毅的奮鬥意志表現在：與封建禮教的奮鬥、與現實社會的奮鬥、與生活窮困的奮鬥……點點滴滴、真真實實、鉅細靡遺一一呈現在我們眼前。她的遭遇，她的奮鬥，讓我們驚嘆之餘，更值得敬佩與學習。

一、與封建禮教的奮鬥：反對纏足，求知讀書，這是冰瑩反抗封建禮教表現在人生奮鬥的序幕。中國女性在封建思想下，受害最深的就是纏足，冰瑩深知此點，首先她奮鬥爭取去掉裹腳布；

---

12 艾以、曹度編：《謝冰瑩文集（下）‧女苦力》，頁 215。
13 李夫澤：〈論謝冰瑩的女權思想 —— 一條扁擔撐一片天〉，湖南：《湖南社會科學‧文教‧歷史》2004 年第 4 期，頁 107-109。

唯有讀書，有了膽識和勇氣，才可走出家鄉那個閉塞的農村，在讀書求知上，她以堅毅絕食以及在父親、兄長的支持下，固執的母親，終於答應她去學校，達成她求知讀書的心願。

　　在爭取婚姻自由上，冰瑩若非表現了堅定不移、奮鬥不懈的毅力，絕對不可能成功。因為她的母親，是專制封建的替身，據冰瑩大哥形容：

> 「母親比歷史上，古今中外任何專制帝王，還厲害可怕，難道你還不知道嗎？我為了沒有得到她的同意，帶你嫂嫂去益陽，回來時，她說我犯了「逆親順妻」的罪，罰我跪了兩小時，頭上還頂著一大盆水……還有你二哥，和三哥，和你姐姐的婚姻，都是不幸的，痛苦到了極點的，但誰也不敢提出離婚的話來；你雖然比我們都勇敢，恐怕你只能在外面打仗，而不能回家來革命吧？」（《女兵自傳·被母親關起來了》，頁105）

　　她的母親那種「父母大於天」，以及比「專制帝王」還固執、封建的觀念，使得她的兄姐婚姻縱然不幸福，不敢反抗，也不得改變。正因為如此，更使得冰瑩要向封建社會宣戰，不達目的決不甘休。她說：

> 「我寧可為反對舊禮教，推翻封建制度而犧牲生命，決不屈服在舊社會的淫威之下……」（《女兵自傳·被母親關起來了》，頁105）

　　她用堅毅的奮鬥意志，表現在實質的行動上。與她青梅竹馬一起長大的翔，在與她合作經歷一次失敗的逃婚後，就勸她還是放棄吧；她的大哥也曾以譏諷的口氣：祝她孤軍奮鬥成功。一而再的逃婚計畫，一次不成，再來一次，逃婚計畫雖屢屢失敗，她仍不願輕易妥協，向失敗低頭。堅持的冰瑩下定決心：寧可給社

會罵她是叛徒，是逆女，卻絕不願屈服在舊禮教之下（《女兵自傳‧第三次逃奔》，頁 141）；縱使因為逃婚，家鄉的人都被她這個「怪物」給轟動了，成為被人當做茶餘酒後的話題（《女兵自傳‧第三次逃奔》，頁 142）；她絲毫不在乎這些「叛徒」、「逆女」、「怪物」的稱號，一心一意為達成退婚的目標努力，終於在歷經四次的逃婚，達成退婚的心願。若不是冰瑩奮鬥不懈的堅毅意志，在當時如此封閉的農村，又是在如此封建固執的父母親監視之下，一個女子怎可完成如此「創舉」。

二、與現實社會的奮鬥：冰瑩曾以震驚故鄉的「創舉」，達成逃婚的目的，但人生並非如此就一帆風順，現實社會一連串的苦難在等待著她。逃婚成功後，她接著就與在從軍北伐時相戀的符號結合，很快的也有了一個女兒，但自主的婚姻，為她帶來的是痛苦多於甜蜜，若不是冰瑩以堅強的奮鬥意志，克服婚姻帶來的不幸與困境，如她自己所言，早已為這段婚姻付出慘痛的代價──不在人間了！

> 「我搬到授水來了，這裏離女師大很近。為了自己一面要上課，一面又要教書，實在顧不來，才下決心找了個劉媽，這時的勒吐精代乳粉，雖然只有一塊錢一磅，但我仍然沒有力量購買。有時朋友送來一兩磅，我就吩咐劉媽，不等到孩子餓得大哭特哭時，千萬不要隨便給她沖吃……我以為志誠可以感動天，難道我這種悲苦的遭遇，不能獲得一個女人的同情嗎？」（《女兵自傳‧慘苦生涯的一斷片》，頁 244）
> 「這種生活，我如何受得住呢？連劉媽都這麼瞧不起我的貧窮，怪不得房東一天到晚來逼債。我的性格又很特殊，輕易不向朋友借貸，寧可活活地餓死，也不肯向別人去訴苦……想來想去，還是沒有安置的妥當辦法……回到家點

燃了煤油燈，又開始寫那一千字可得五角錢稿費的文章。」
（《女兵自傳‧慘苦生涯的一斷片》，頁 246）

為了孩子，為了生活，冰瑩必須一面上課，一面教書，符號
又在孩子生下不久就坐牢，在經濟本就拮据下，冰瑩甚且還要儲
錢去探望他。本來以為志誠可以感動天，不料現實的劉媽一點兒
同情心都沒有，瞧不起她的貧窮，欺負她。但冰瑩不願被打倒，
個性堅強的她，回到家點起燈，咬著牙去寫那一千字才可得五角
錢稿費的文章。她也曾有死的念頭，為了孩子，她打消了死的念
頭。冰瑩用堅強的毅力，為這段婚姻默默付出。但是真誠的付出，
有時並不見得可得到等質的、滿意的結局。只因兩人個性的不相
投，使冰瑩忍痛做了結束這段短暫痛苦的婚姻：

> 「我不敢想像我們將來的結果，為著他太不了解我，不相
> 信我，使我下了和他破裂的決心！為著他那偏狹憂鬱，猶
> 豫不決；有時又喜歡投機取巧的性格和我的豪爽，坦白，
> 痛快，堅決，拿得起放得下的性格不相投，我情願和他做
> 最後的絕交。」（《女兵自傳‧探監》，頁 242）

在經過無數次情感與理智的劇烈鬥爭，理智告訴她：「一個有
志氣的女青年，她不但要和萬惡的封建勢力奮鬥，而且要和妨礙
自己學業，容易消磨勇氣的愛情奮鬥！」（《女兵自傳‧慈母心》，
頁 254）冰瑩終於從苦海中把自己拔救出來。

她的好友翔在多年後與她見面，很後悔當初沒與她一起走，
做了封建禮教的徹底犧牲者，翔認為冰瑩是勝利者，但冰瑩卻告
訴翔：

> 人生不是那麼簡單，我一直到今天，還沒有獲得真正的自
> 由，我隨時都在艱苦的環境裏掙扎。（《女兵自傳‧第三次逃
> 奔》，頁 257）

　　三、為窮困生活奮鬥：冰瑩為實現理想，總是在面臨磨難時，勇往直前，奮鬥不懈。在求學期間，她的生活很苦，窮苦時，一連幾天沒吃飯，餓得只好打開水龍頭灌肚子：

> 我已經四天不吃飯了。起初是一天吃四個燒餅，或者兩個小麵包；後來由四個減成兩個，再由兩個減成一個；最後簡直窮得連買開水的一個銅板也沒有了，口渴時就只好張開嘴來，站在自來水管的龍頭下，一扭開來，就讓水灌進嘴裏，喝得肚子漲得飽飽的，又涼又痛，那滋味真有說不出的難受。（《女兵自傳‧飢餓》，頁214）

　　飢餓之火在她的腹內燃燒著，餓得用自來水來充饑，把肚子漲得飽飽的，那種滋味，又涼又痛，只要有感覺的人，都無法忍受如此的痛苦。有人曾問冰瑩飢餓的滋味怎樣？這是她的回答：

> 「……飢餓的確比死還要難受，比受了任何巨大深刻的痛苦還要苦；當你聽到腸子餓得咕咕地叫時，好像有一條巨蛇，要從你的腹內咬破了皮肉鑽出來一般；有時你餓得頭暈眼花，坐起來又倒下了；想要走路，一雙腿是酸軟的，拖也拖不動；有時一口口的酸水，從肚子裏翻上來，使你嘔吐，卻又吐不出半點東西；更有時餓得實在不能忍受了，想在自己的胳膊上，咬下一塊肉來吞下去……」（《女兵自傳‧飢餓》，頁217）

　　她形容飢餓的感覺比死還要令人難受，像一條巨蛇從你的腹內咬破了皮肉鑽出來一般；餓得無法走路；餓的口裏吐酸水使人嘔吐；餓得想吃自己的肉；不是真正親嘗過飢餓的滋味，如何能瞭解此中滋味？

　　她說：「飢餓只有加深我對現社會的認識，只有加強我生的勇氣。」她認為這是飢餓給她的寶貴教訓。（《女兵自傳‧飢餓》，頁

217）有人看她日子苦，叫她寫些軟性的文章，可以多拿些稿費，她不肯，她說離開真理，她是無法生存的。

她在上海藝大及北平女師大求學時窮困的日子，令她一輩子都無法忘懷。她的一雙布鞋，可以整整穿了半年；兩雙襪子，補了再補，爛得不像話；一件好友克勤給她的薄破棉襖陪她渡過又冷又飄雪的冬天；手指頭凍得拿不起粉筆寫字上課，學生看到她那副凍得可憐的模樣，叫她去把手烤熱了再來上課；夜深時，別人都已入夢鄉，只有她的筆，仍在紙上沙沙作響；為了生活，她說自己像一隻駱駝那麼負著重擔，在沙漠裏掙扎著勇往直前。（《女兵自傳・偷飯吃》，頁 226）縱然如此，她不願向有錢人低頭，更反對像她的同窗好友，因為怕過窮日子去找個有錢的丈夫。

「……你是一個努力奮鬥的新女性，你現在雖然像一隻折了翅膀的小鳥；但我相信你一定能衝出雲圍，遨翔於太空之上的。」（謝冰瑩《作家印象記》，頁 170）這是名作家羅曼羅蘭寫給她的信，此封信給冰瑩很大的鼓勵，也深深影響她的一生。冰瑩自己也曾說過如此的話：「如果問我有什麼特點，那就是能吃苦，不怕窮，不論做什麼事，但顧耕耘，不問收穫；不肯向現實低頭，有跌倒了爬起來，失敗了再幹的勇氣。」（謝冰瑩《我的回憶・寫從軍日記的動機》，頁 150）就因她的這項特點，所以在面臨人生總總的困境時，不論飢餓、窮困、婚姻、求學……都無法令她屈服，堅強的奮鬥意志，帶領她踏著穩健的步伐，一步步邁向人生的路途。

第五節　強烈的愛國情操

冰瑩生就具有正義凜然之氣，一般女孩喜歡讀《紅樓夢》，她

卻偏偏喜歡讀《水滸傳》，她的愛國情操自小就已在內心萌芽，所以她表現出種種強烈的愛國情操，是有道理的。

在益陽教會讀書時，冰瑩第一次以具體行動表現出強烈的愛國情操。她為了「五九」國恥紀念日，不顧師長反對帶領高呼「打倒帝國主義！」、「打倒軍閥！」、「加入學生聯合會！」、「誓雪國恥！」的口號，學校以搗亂分子的罪名，要開除她的學籍，冰瑩勇敢的說：「怕什麼呢？要開除就開除，難道我們連國家都不要了嗎？」「即使殺了我都願意！」（《女兵自傳·在樓上示威》，頁 40）因為愛國而得到被開除的命運，她一點兒也不後悔。

時代的鐘聲響起，民國十五年，北伐爆發。為反抗軍閥的暴行參加從軍，這是她第二次愛國的具體表現。當時冰瑩正陷於初戀的深淵，苦惱極了，於是陪她的二哥在嶽麓山道鄉祠養病，她自己也可散心解愁，此時二哥鼓勵她從軍：「這是唯一解放你自己的路，只有參加革命，婚姻問題和你未來的出路問題，才有辦法。」並且告訴冰瑩：「如果想要寫出有血有力，不平凡的作品，那就非經過一些不平凡的生活不可！而當兵，正可以鍛鍊她的體格，培養她的思想，供給她文章材料的好機會。」（《女兵自傳·當兵去》，頁 56-57）雖說二哥的支持與鼓勵，是造成她從軍的動力，但若不是她本身愛國情操的血液早就奔騰充溢，怎可一觸即發？

冰瑩用文字寫下她愛國情操的見證，在《從軍日記》裏，真實記錄了群眾愛國、以及擁護革命的情景：

> 「我真高興，無論跑到什麼地方，看見的都是為主義為民眾戰鬥的革命軍，都是含笑歡迎我們的老百姓……隨便走到什麼地方總是有許多百姓圍擾來安慰我們：『你們辛苦了，你們真是很辛苦了，你們坐下歇歇，吃吃茶吧。』『他

們的誠懇，他們的殷勤，真是形容不出……」[14]

冰瑩記下一個勇敢小女孩，因冤告被補，不懼怕，愛國的情形：

> 有一個十二歲的小女孩張青雲……被冤告捕去了。她的母親和小妹妹哭個不了，她很勇敢地說：『母親！不要哭吧！即使槍斃我，我也要呼幾個口號才死的。』……是的，這才是真正的革命者，不怕死，不流淚，只流血。[15]

第一個例子，描寫民眾含笑歡迎革命軍，叫他們用茶水、坐下歇歇，給予他們安慰；用誠懇的、殷勤的態度，表現出對這些參加革命從軍的他（她）們至高的敬愛。第二個例子，描寫小女孩的勇敢，何等令人欽佩，她的天真活潑，更令人喜愛她。

參加北伐從軍，反對軍閥的專政，寫下《從軍日記》，民眾愛國，擁護革命軍的情景；這無疑是冰瑩愛國情操的間接表現。

冰瑩曾兩度去日本求學，第一次被勒令遣送回國，第二次被關進監牢，兩次都是她愛國的表現，卻也使得她在日本求學的命運坎坷，不得圓滿完成。

冰瑩於民國二十年（1931）九月初，第一次甫到日本第二天，就在報上看到東北被日本佔領，同胞被殺害的消息，凡留日同學大家都無心上課，決定以示威來表示追悼，就算日本警察來干涉，引起流血，或因而喪命，大家也都不在乎，冰瑩在《我在日本》裏如此描寫著：

> 自從日本帝國主義者，以暴力侵佔我們的東北四省之後，凡我留日同學，無一不切齒痛心，不想在這裏讀下去。
> 我們決不能忍受，一定要來一次示威運動。

---

14 艾以、曹度編：《謝冰瑩文集 （上）·從軍日記》，頁 292。
15 艾以、曹度編：《謝冰瑩文集 （上）·從軍日記三節》，頁 296。

舉行一次追悼東北死難烈士大會，也許那天，一定有日本
警察來干涉，說不定會當場流血。

流血就流血，怕什麼！那怕我們的同學都死光光，也沒關
係。

我們大家一齊高呼：『打倒日本帝國主義！』，『打倒日本軍
閥！』聲音像海濤怒吼……（《我在日本・一個悲壯的追悼會》，
頁 10-13）

冰瑩寫下留日同學們，以最沉痛、最悲哀的心情，追悼東北
死難烈士；並且憤慨高呼「打倒日本帝國主義！」，「打倒日本軍
閥！」的口號，誓死為他們復仇。她的這種愛國行動，遭到驅逐
命運。但她認為有資格被他們驅逐，這是很光榮的。

冰瑩第二次到日本求學，遇到溥儀到日本朝日，她痛心極了！
如此描述著：

溥儀，這不要臉的漢奸，自己做了敵人的傀儡還不算，居
然還到日本來朝什麼鳥日，真是丟盡了中國人的臉！給光
榮的中華民族史上，寫下了最污辱的一頁，誰不切齒痛恨
呢？（《我在日本・一個悲壯的追悼會》，頁 71）

冰瑩罵溥儀丟盡了中國人的臉，在歷史上為中國留下污辱的
一頁，只要是中國人，誰不痛恨他這種無恥的行為？因此在報上
看到他的新聞，她說：「我的心好像要爆炸似的痛起來，我實在忍
不下了，除了把報紙撕成粉碎外，還用拳頭重重地在席子上捶了
幾下。」（《我在日本・難道我犯了愛國罪嗎？》，頁 72）愛國情
操使她氣憤的心要爆炸了，只有將報紙撕碎，只有狠狠用拳頭捶
席子來發洩。

除了撕碎報紙，除了用拳頭捶席子表示氣憤外，冰瑩更以拒
絕去參加歡迎會的實際行動，將愛國心強烈表現出來。她形容日

本帝國主義是惡狗，以反對「滿州國」定她為叛亂分子之罪名，將她關進牢裏，並用酷刑烤問她，她面對可能會被處以死刑時，一本瀟灑之態含笑離開人間；若留有一條生路時，更不忘要回到祖國懷抱，要比平時更努力的做反日工作：

> 死，在一個所謂犯人看來，是和睡覺差不多的。我在被捕以後的心境，反而顯得非常平靜……這裏只有兩條路擺在面前，一條是死路，或者有那麼一天，我為著爭取祖國的生存，而被惡狗咬死，那時候，我將含著微笑，悄悄地離開人間，去度那永久的安息生活；另一條是生路，不久我由囚籠中放出來了，那時候，我好比一隻海燕那麼自由自在地翱翔在天空，我要像一陣風似的，迅速地飛到祖國的懷抱，做著比過去更努力，更緊張的反日工作。想到這裏，我微笑了……（《我在日本·入獄的第一夜》，頁 90-91）

在經過多人的協助下，冰瑩的命被拯救回來。當她踏上上海的土地時，她興奮的說：「這是我自己的國土，每一寸都是自由的，可愛的。雖然我的臉上，頭上，手上，曾經受過日本的軍閥的毆打和侮辱，但我要用鮮血來洗淨這些污點，為了愛我的祖國，為了這是為人類的和平，真理，正義而受的侮辱，我應該認為光榮。」（《我在日本·回到祖國的懷抱來了》，頁 211）她發誓不等到中國完全獨立，不把日本軍閥完全消滅，她永不來東京。

從日本脫險回到上海，第二年民國二十六年（1937），中日戰爭在時代與現實環境的催逼下爆發了。「……這是我的命運，還是時代在磨練我，要我成為一個更堅強的女性。」（《我在日本·逃》，頁 205）當抗戰砲火蔓延到全中國每一個角落時，冰瑩正在長沙探望生病的父親，在理智和感情交戰之下，在父親的病和國家危難情形相比下，她毅然選擇了後者，加入抗戰的隊伍，自組「湖

南婦女戰地服務團」，含著淚離開病床上的父親，踏上征途，投入愛國的行動。

　　當一般女作家寫著一些小兒女的小幽閒、小心思、小煩惱……作品時，冰瑩的《從軍日記》，《我在日本》，《抗戰日記》等充滿浩然正氣，令人懍然生敬的作品，清楚地呈現了一位堅強的女子，器宇軒昂，以及頂天立地的愛國情操。而她以示威遊行不惜被退學支持國恥日；以從軍反抗專制軍閥的暴政；拒絕參加滿州國溥儀朝日，不畏關監抵制強權的帝國主義；以自己力量，自組戰地服務團的義行；這些行為皆是她強烈愛國情操的直接表現。

第七章　謝冰瑩作品的寫作技法

　　謝冰瑩曾說：「文如其人」，我為人處世只有三個字：『直』、『真』、『誠』，寫文章也是如此。（謝冰瑩：《我的回憶・平凡的半生》，頁 11）大凡作家作品所以有其一定之評價，作品特色及技巧，應是不可被忽略的重要因素。

　　本章節即根據冰瑩：「文如其人」，『直』、『真』、『誠』三點，將其作品技法分為以下幾個方面陳述：首先是「寫實的題材」；接著是「真摯的情感」；再其次是「素樸的語言」最後則為「活潑自由的營造」。

第一節　寫實的題材

　　真人、真事一向是冰瑩創作的原則。情感是文章的生命。「我」是情感賴以依存的能源。冰瑩的文章所以令人感動，「寫實的題材」當居首功。傅德岷在其《散文的藝術論》中詮釋「情感與自我的重要」他說：

　　　無論是愛，是恨，是憤怒，是憂傷，是內心真誠的坦白，是對社會、人生的闡釋，都要通過「我」這一主體進行反映和表達。雖然，情感也可以通過間接方式，借助於他人、他物來表現，但不如「我」來得直接和感人！所以歷來的

> 散文家總是力求不落窠臼，孜孜以求用自己的語言，寫自
> 己的感受，寫自己的心思。[1]

　　由上面之說法，作品最終目地的表現，是要將那個「自我」
一切情感，毫不隱藏的，自由自在的，坦坦白白的，赤赤裸裸的
呈現出來，而與讀者達到合一的境界，因此那個「坦白」、「真實」
的「自我」，可說是客觀寫實題材的媒介，冰瑩的寫作技巧對此點
做了最好的證明。冰瑩的創作沒有高遠玄妙的幻想世界，盡是源
自現實社會的題材，她認為文學價值，就在於從現實中掘出真實。
她說：

> 那種躺在床上，眼睛盯著天花板幻想出來的故事，像空中
> 樓閣似的不可靠，而且沒有價值。（《我的回憶‧我是怎樣寫作
> 的》，頁 208）

　　以《女兵自傳》為例，當《女兵自傳》出書時，有很多讀者
寫信問冰瑩：「這究竟是一部小說，還是寫你自己的真實故事呢？」
她說：

> 「這是一個女兵的真實故事。絲毫沒有虛偽，半點也不誇
> 張。」在這裏，沒有故意的雕琢、粉飾，更沒有絲毫的虛
> 偽誇張，只是像盧梭的《懺悔錄》一般，忠實地把自己的
> 遭遇，和反映在各種不同時代，不同環境的人物和事件敘
> 述出來，任憑讀者去欣賞，去批評。（謝冰瑩：《我的回憶‧怎
> 樣寫從軍日記和女兵自傳》，頁 157）

　　冰瑩完全是站在純客觀的地位，來描寫《女兵自傳》裏的主
人翁所遭遇的一切不幸的命運。這個主人翁就是她自己，全書八
十一章節裏 ，自始至終都是她個人複雜的人生歷程，及思想感

---

1 傅德岷：《散文藝術論》（四川：重慶出版社，1988 年 2 月），頁 109。

情變化的真實記錄。因為故事真實，因為抒寫的對象是作者自己，無怪乎讀者能感同身受，無怪乎書出版不到半年，又要再版了！轟動的程度，在當時的青年男女們，幾乎人手一冊，更有些小姑娘也要模仿她脫離家庭，開創自己的前程。

再以《從軍日記》為例，冰瑩寫《從軍日記》的動機，只覺得當時眼前所見的現實題材，不寫出來太可惜了：

> 寫一些當時轟轟烈烈的革命故事出來，以反映當時青年們
> 是怎樣地愛國，民眾們是如何擁護革命軍和革命政府；寫
> 出婦女們如何從小腳時代，進步到天足時代，從被封建鎖
> 鏈綑得緊緊的家庭裡逃出來，中間不知經過多少侮辱和痛
> 苦，經過多少掙扎和奮鬥，才能和男子一樣站在一條線上，
> 投入革命的洪爐，獻身革命事業。(《我的回憶‧怎樣寫從軍日
> 記和女兵自傳》，頁 147)

就是如此單純的一個意念，她要用那隻自稱的鈍筆，以「自我」為中心，以當時寫實的大環境，忠實記錄她參加北伐從軍所發生的一切見聞。正因為它的體材寫實，也正因是一位擺脫封建鎖鏈的女子，對革命、對時代、對社會、對家庭的自我抒發，所以才引起漢口中央日報副刊主筆孫伏園先生的興趣，將它每日刊登出來；同時也引起了林語堂先生的高度重視，將每篇譯成英文；接著汪耀德先生將它譯成法文，冰瑩更因此得到法國諾貝爾作家羅曼羅蘭的鼓勵信，對她日後人生及寫作影響至深。

《我在日本》此書的《自序》一開頭，冰瑩寫著：提起兩次去日本，我就傷心！……此書是以冰瑩個人在日本兩次求學遭遇為主軸，描寫當時寫實的環境，日本帝國主義如何對待我國愛國的留學生；處於當時惡劣大環境下的一位堅強愛國女性，如何被誣陷為叛亂分子，被囚禁時如何反映出不懼強權的愛國行為，又

如何被拯救出，尤其在獄中的那些情景，是作者的一段慘痛經歷的復現，讓讀者心中不自覺生出憐憫、敬佩之心。

另外她的小說《姊姊》，這部作品的主角，即是以冰瑩本人的姊姊為素材，寫一個舊式社會女性悲劇的一生的實況記錄。就是這種基於忠實的原則，所以冰瑩的作品從背景、故事到人物，呈現給讀者的都是活生生的真與實。

綜觀冰瑩作品除了上述的《女兵自傳》、《從軍日記》、《我在日本》、《姊姊》外，尚有《抗戰日記》，以及一些抒發個人情懷的，或抒情小品、或雜感隨筆、或描寫記敘的散文如《愛晚亭》、《生命的光輝》、《我的回憶》等等，都是以自我而寫實的題材；這種以「自我」寫實的另一特色，是作品內除了有作者的生活經歷外，也含作者的思想歷程，同時更含有作者的真實感情，再加上寫實的映襯，其作品充塞著濃厚的時代氣息，繞圍著濃郁的感情。但若將自我與寫實分開而論，太自我，則作品個人色彩太明顯；太寫實，作品則將無韻味；冰瑩此種寫實的題材技巧，卻能在無形中使其作品增添個人獨特的風格特色。法國散文家蒙田，在他的《隨筆集》卷首，就開門見山的說：「我本人就是這部書的材料。」[2]所以「自我」又「寫實」的題材，不僅拉近了作者與讀者的距離，更進一步將二者感情緊密的結合在一起。

第二節　真摯的情感

文學之所以感人，在於作者之說理抒情均由肺腑中流出，情

2　傅德岷：《散文藝術論》，頁109。

真、意真、事真，只有真情實性的作品，纔能動人心弦。情感乃藝術的靈魂，沒有情感，尤其沒有真實的情感，則作品不過是行屍走肉的軀殼，有何價值可言！[3]

　　真實的情感是藝術表達的最高境界。然情感的掌握，談何容易。王師更生在〈論中國散文的藝術特徵〉內闡釋情感的掌握，不僅要真、要專，還要深、要潔，更要高，如此方足以感人：

> 因為情不專，則虛偽不足以感人；情不深，則膚淺不足以
> 感人；情不潔，則污濁不足以感人；情不高，則卑下不足
> 以感人；情不專，則通俗不足以感人。情之感人，作者要
> 獨具隻眼，有悲天憫人的襟抱，鍥而不捨的精神，如此才
> 可言人所不能言之情，達人所不能達之意。[4]

　　由上面的說明可清楚知道，真實的情感在文章中是多麼重要。此外作者尚要有獨具的慧眼，悲天憫懷的襟抱，以及鍥而不捨的精神，文章方能有其獨到感人之處。冰瑩自己也認為文章裡的材料，如果是真實故事，作品裡面才能有真感情：

> 小說、散文裏面的材料，大多數是在許多典型人物身上找
> 到的真實故事。我寫小說，總是把書中的人物當做自己，
> 往往寫到她不幸的遭遇，眼淚不知不覺地滾下來。這就是
> 作品裡面的真感情，絲毫也假不得。（《我的回憶》，頁 11-12）

　　的確在她的文章中，所抒寫的材料，都是真實故事。她記得在寫《女兵自傳》上卷時，裏面有好幾處非常有趣得地方，一面寫，一面笑，自己彷彿成了瘋子；可是寫到中卷時，裏面沒有歡笑，只有痛苦，只有悲哀。寫的時候，她不知流了多少眼淚，好

3　王師更生：〈論中國散文的藝術特徵〉，台北：《教學與研究》，台灣師範大
　　學文學院，第 9 期（民國 76 年 6 月出版），頁 42。
4　同上註，頁 58。

幾次淚水把字沖洗掉了，一連改寫三四次都不成功，於是索性把筆放下，等到大哭一場之後再來重寫。（謝冰瑩：《我的回憶‧怎樣寫從軍日記和女兵自傳》，頁 156）《女兵自傳》之所以造成轟動，之所以感人，除因它的真實性外，其中所宣洩的真情，才更是它不可阻擋的吸引力！

在冰瑩的許多文章中，處處流露出真摯的情感，其中有對親人真情的剖白、有對故舊真情的感念、有對故鄉真情的呼喚，字字句句都是情真意摯的情感，扣人心弦，令人感動。如：

一、真情的對親人剖白：在《女兵自傳‧慈母心》裡有一段文字描寫母親對冰瑩的真情，使人看過之後，感動之情久久不能抑制。冰瑩因違背父母之意逃婚，丟盡父母顏面，尤其傷透母親的心，離家多年後，她在外吃盡苦頭，趁著父親七十大壽返家。她的母親當著許多來賓面前，不理會她，她親手倒茶給母親喝，母親幾乎摔破杯子，母女二人相處之尷尬可想而知。冰瑩在母親一陣怒罵之後，躺到床上，很疲倦的閉上眼睛假睡。精彩之處，就在下面：

> 大約是十點鐘的時候，她從對面的床上悄悄地爬了起來，用火柴點燃了小小的煤油燈，衣服也沒有披，就輕輕地走到我的床前，把垂在地上的被，拿起來重新給我蓋上。她摸摸我的右手，自言自語地說：「手是冰涼的，被窩一定掉下去很久了。」（《女兵自傳‧慈母心》，頁 255）

接著冰瑩又看到了更精彩的一幕：

> 母親用燈光呆呆地照著我，約莫經過了兩三分鐘，她才沉重地嘆了一聲；『唉！瘦了，瘦了，比她離家時瘦得多了。』她用柔軟溫熱的手，輕輕地撫摸著我的臉，我的額角，和散亂在枕上的頭髮；突然，一顆冰冷的淚珠，掉在我的嘴

角上了⋯⋯我想打開眼睛來用雙手抱著她的臉，叫一聲：「親愛的媽媽！」⋯⋯接著又聽到母親擤鼻涕的聲音，然後慢慢地移開腳步，回到床上去了。我用舌頭把母親的淚舐嘗了一下，那滋味不像平常一般的鹹，起初略帶苦味，過後又感到異樣的甜。（《女兵自傳·慈母心》，頁255-256）

把垂在地上的被，輕輕為女兒蓋上；呆呆望著離家多年的女兒，沉重的說：「瘦了，瘦了」；「輕輕撫摸女兒的臉、額角」；「輕輕為女兒撥開散亂在枕上的頭髮」；「冰瑩用舌頭去舐嘗母親流下的冰冷淚珠」，她形容那滋味「不是平常略帶苦的鹹味，竟是異樣的甜味」；在這種真情流露的字裡行間，任何人讀到這裡，不被感動都難。冰瑩在《女兵自傳·慈母心》如此說：這次在家雖然只住了短短的一星期，可是母親給予我的熱愛，使她感動的只想流淚：

> 我實在太受感動了，我想一骨碌地爬了起來跪在母親床前，求她寬恕我的罪過。四年來，我給她的痛苦太多了，僅僅只為了自由和幸福，就使母親整夜為我失眠，為我的沒有音訊而求神問卦；現在呢？奮鬥了這麼多年，我得到了什麼？⋯⋯我飽嘗了人間的酸苦，受盡了命運折磨；我坐過牢，餓過飯，也生過孩子；現在還在過著流亡的生活，前途茫茫，⋯⋯我不能把這些告訴她，那會刺傷她的心的，我仍然裝著睡熟了的打著微微的鼾聲；⋯⋯唉！慈母的心呵⋯⋯（《女兵自傳·慈母心》，頁256）

冰瑩雖深受感動，衝動得想求原諒寬恕，卻又裝睡，不忍告訴母親自己在外所吃的苦；那是對母親愛的真情表達啊！散文〈兩塊不平凡的刺繡〉，也娓娓細訴著對母親的懷念：

> 我認為母親遺留給我的不是物質，而是她那直爽、痛快的

性格，和不屈不撓的精神……為了這是兩塊不平凡的刺
繡，為了這是我母親留下的最有價值的紀念品，十八年來
我一直把它帶在身邊；不論在炮火連天的前線，或者在敵
機轟炸的後方，我總是把它看做和我的生命一般重要。

我把母親親手繡的這兩塊枕頭花裱好……每天日夜我總要
站在鏡框前面靜默幾分鐘。我由這些調和的色彩，精細的
刺工，優美的技巧裏，領悟了母親的聰明和忍耐；也了解
母親的思想和毅力；更體會了母親溫暖的愛撫。母親的倩
影，彷彿從這些刺繡裏，慢慢地擴大起來，慢慢她緊緊地
抱住了我，……我的視線模糊了，擁抱著我的不是母親，
而是可怕的空虛和悲哀，終於我滴下了兩顆熱淚。（《愛晚
亭·兩塊不平凡的刺繡》頁 7-8）

　　由兩塊刺繡勾引出對母親的不僅是懷念，從刺繡裏也另顯現
著母親的崇高美德：聰明和忍耐、思想和毅力；刺繡彷彿變成了
她和母親之間的一座橋樑，讓她感覺到母親的溫暖愛撫，但同時
可怕的空虛和寂寞，也深深包圍住她，藉著這塊刺繡，冰瑩描繪
出母女兩人的真摯深情，母親雖早已不在人間，但母親永遠活在
她的心中。

　　冰瑩為了愛人符號不諒解她，曾有想過拋下孩子去求死的念
頭，但當她看到熟睡的女兒恬靜、美麗的模樣，母愛的真情油然
流露，讓她打消了死的念頭：

忽然望望熟睡在床上的孩子是這樣美麗，恬靜；當她微笑
的時候，那兩個個小小的酒窩，是多麼可愛呵。她引誘著
我俯身去吻她，眼淚又滴在那又嫩又白的小臉上。（《女兵自
傳·做了母親》），頁 237）

　　二、真情的對故舊感念：在散文集《愛晚亭》中，有很多篇

是冰瑩與故舊的真摯情感的描寫。如〈紅豆戒指〉、〈流星〉、〈中秋月〉、〈萬里江山憶故人〉、〈孟媽〉等文都是。以〈紅豆戒指〉為例,是寫她懷念死去多年的好友,情真意摯,滿溢篇章:

> 每次當我打開箱子尋找衣物的時候,總要從小盒子裏拿出
> 那個白銀鑲紅豆的小戒指來仔細地端詳一番,彷彿這紅豆
> 就是林鳳的笑臉,有時她對我微笑,有時她長吁短嘆,有
> 時又像在埋怨我,十餘年來還沒有到她的墳墓上去祭
> 掃……林鳳呵!不是我薄情,而是無情的戰火阻止了我,
> 其實我的心裏,何嘗不時時刻刻地在追念你呢?(《愛晚亭‧
> 紅豆戒指》,頁 16)

　　紅豆上彷彿有<u>林鳳</u>的喜、怒、哀、樂,每當冰瑩追念她的好友<u>林鳳</u>時,不禁拿出紅豆戒指出來端詳,而對<u>林鳳</u>聲聲的呼喚,喚出她倆情真意摯的情感!

　　再以〈孟媽〉為例,此篇短文是寫冰瑩和佣人<u>孟媽</u>之間的情誼。<u>孟媽</u>是冰瑩一家人由漢口遷居北平時,由她的同鄉介紹的一位管家,由於冰瑩抗戰期間在成都,曾受盡佣人的氣,因此當她把家安置在北平時,希望能找到一位好管家,可以為她分擔家事,讓她專心教書寫稿。<u>孟媽</u>就是冰瑩的一位好幫手,冰瑩將<u>孟媽</u>當「人才」,不把她當「奴才」,也把<u>孟媽</u>當媽媽一樣對待。<u>孟媽</u>曾被女兒和姪子將她辛苦賺的錢騙走瓜分了,冰瑩見<u>孟媽</u>傷心流淚,安慰她到了百年之後,一切後事會當做自己的母親一般處理,為她買很好的棺材,還有壽衣,壽被……。最使冰瑩難忘的,是當她離開北平到台灣的前夕,<u>孟媽</u>除了將她和孩子的衣物整理好之外,還幫她準備幾個菜盤,用報紙包著,塞進她的行李箱裏。說:這是您喜歡的幾個盤子,帶到台灣去吧,免得一到那裏,就要上街買家具。<u>孟媽</u>就是如此貼心。在冰瑩已到台灣六年時,她

寫下這篇懷念孟媽的文章：

> 不見孟媽快六年了，我沒有一天不在想念她；尤其當我受
> 到台灣下女折磨的時候，我特別想她！我後悔沒有用眼淚
> 感動她，硬拉她來台灣，現在只有一個遙遠的願望，那就
> 是我們將來回到北平時後，仍然能夠找到孟媽—我那有力
> 的幫手，一個患難相關的朋友。（《愛晚亭·孟媽》，頁 46）

冰瑩沒有一天不在想念孟媽；後悔沒有用眼淚感動她；一個
遙遠的願望—與她再度相聚。簡單的訴寫，但不難見到誠懇的心
意與真情。

三、真情的對故鄉呼喚：對故鄉湖南長沙的愛晚亭，冰瑩有
著一分深切真摯的懷念之情，在〈愛晚亭〉的短文裏，她寫下深
情愛戀的句子：

> 我願永遠安靜地躺在青楓峽裏，讓血紅的楓葉為我做棺
> 蓋，潺潺的流水，為我奏著淒切的輓歌。
> 一直到今天，我還沒有把你的美，你的深情，你給與遊人
> 的快樂和安慰寫出來。我真不知道要怎樣來描寫你；不知
> 有多少初戀的情人，願意永久躺在你的懷抱？不知有多少
> 失戀的人，跑去你那兒哭訴他傷心的遭遇？……
> 愛晚亭啊！十餘年來你已受過不知多少次劇烈的砲火洗
> 禮，受過無盡的創傷，你是否也在日夜悲傷？……我的心
> 絃在顫動，我的熱淚在奔流。我凝視著灰色的天空，託悠
> 悠的白雲，帶給你一顆赤熱的心和滿腔的懷戀！……」（《愛
> 晚亭·愛晚亭》，頁 49-51）

第一段冰瑩寫下願永遠躺在青楓峽的楓葉為她做成的棺蓋，
代表永不分離；第二段她願意與愛晚亭分享自己所有快樂、美好、
以及憂傷；第三段她為它的受戰火洗禮的創痛而悲傷，並託白雲

寄予深深的懷戀。

晚年的冰瑩，寄居在美國老人公寓，她非常想念台灣的一切。在〈想台灣〉一文裏她說：

> 記不清從那一天開始，我把每天日夜從窗口看到的金門大橋，當做碧潭的吊橋以後，心裏便舒服多了。
>
> 她自言自語說：「──那麼太平洋海灣，就等於碧潭了。」
>
> （《冰瑩書信‧想台灣》，頁93）

一句自言自語的話：「──那麼太平洋海灣，就等於碧潭了。」簡短有力、鏗鏘有勁；卻也道盡對台灣思鄉之苦，真令人為之心碎。

除上述所舉之作品外，在冰瑩的其它文集中，如《冰瑩書信》、《冰瑩懷舊》、《冰瑩憶往》等等，都有多篇感人真摯的情感抒發。真、善、美的追求不僅是人生，也是藝術境界的最極目標，王師更生在其〈論中國散文的藝術特徵〉一文中曾說：「真實性是散文藝術特徵之一，然若作品真而不善，則雖真非美。」[5]對寫作而言，材料要真實，情感要真摯，內容要和善，如此方可達到美的境界。王師的話，對冰瑩真摯意切的情感表現這點而言，可說作了最好的註解。

第三節　樸素的語言

語言是文學表達思想、感情的工具。文學的第一要素是語言。語言是一切事實和思想的「外衣」，一個作家如要表現客觀現實的

5　王師更生：〈論中國散文的藝術特徵〉，頁45。

感知和情感，非借助於語言這件「外衣」不可。[6]

　　語言的美，可分為：樸素之美，與絢麗之美兩種。歷來諸多學者、作家對樸素美都持肯定與贊賞的態度。王師更生認為：「散文的語言美首先是樸素」。[7]傅德岷以為：「樸素美不單是一種美學觀，而且是一種語言的美質。」他說：「從語言的角度來看，樸素美就是一種平易自然，不加修飾，活脫脫地再現生活真實的語言美。」高爾基在《文學書簡》一文中也說：「一切美的東西都是十分樸素的，因為樸素就是美。」俄國著名作家托爾斯泰說得更明確：「樸素是美的必要條件。」[8]李福燕在其短文《最是素樸動人情》中說：「素樸，當然不是散文唯一的美學標誌，但矯飾卻永遠是散文的缺點。」[9]可見，樸素是語言藝術的至高境界，樸素美，是作家有志一同想要達成的一個美的藝術境界。

　　樸素，為什麼是一種美呢？根據傅德岷《散文藝術論》對樸素美的詮釋，它包含了四項特質：

> 第一、樸素縮短了散文家與作品的距離，顯得真。樸素的語言是從散文家內心深處流淌出來的，是真情實感的記錄。因此它是散文家個性的展現。第二、樸素縮短了作品與生活的距離，顯的實。樸素的語言是生活實際的反映，它無矯揉妝束之態，而有「出水芙蓉」之美。第三、樸素縮短了讀者和作品的距離，顯的親。樸素的語言是通俗、生動，明白如話的，但字裏行間又蘊含著豐富的情愫。第四、樸素包含著深刻的思想和色彩，顯得美。[10]

6　傅德岷：《散文藝術論》，頁 290。
7　同註 5。
8　傅德岷：《散文藝術論》，頁 291。
9　李福燕：《最是素樸動人情 —— 小議散文樸實之美》，福建：《福建財會管理幹部學院學報》，1999 年第 1 期，頁 47-48。
10　傅德岷：《散文藝術論》，頁 296-299。

　　由以上之陳述，可知樸素的語言，它縮短了作家與讀者的距離，所以和讀者之間相容與共；因為樸素的語言，是真情流露，沒有虛假、包裝，所以和讀者之間可互見真情；所以使作者和讀者之間溝通的障礙得以消弭無形，顯現出的真、實、親、美，不僅是文學藝術，也可說是人與人間相處的至高境界。

　　樸素自然的語言，可說是冰瑩作品技法的另一特色。「我的文章並不好，但我的文章通俗，容易看得懂，小孩都看得懂。」[11]因為通俗所以連小孩都看得懂，這裏所說的通俗，就是樸素美。林語堂先生也推崇：說話要簡潔流利，作文章要自然清順，不要矯揉造作；他說：「有時候，青年朋友問我，文章寫得好，有什麼秘訣嗎？我告訴他們，一點沒有秘訣，只要把嘴裏所說的話，移到紙上筆談，就是一篇好文章。」（謝冰瑩：《生命的光輝‧林語堂先生談語文問題》，頁 19）簡言之，樸素的語言就是我手寫我口。

　　冰瑩為文，忠於真實；毫不矯揉造作、真摯的情感流露，是其為文最大特色。自然、通俗的樸實語言描寫，無疑是成就其文學特色的功臣。

　　以下就其作品中所呈現出「樸素自然的語言」技法，分別以素淡的人物描寫，真醇的事相描述，直樸的景物描繪等三方面，作一介紹：

　　一、素淡的人物描寫：民國十七年（1928）在上海哈同路，據冰瑩形容：第一次看到一個像女人的男人，這人是孫伏園先生的弟弟—孫福熙先生。她如此描寫：

　　　　我看到一個像女人的男人，他穿著一身黑嗶基西裝，打著
　　　　一個黑綢領結，這領結不是普通一般的領帶，而是用一塊

---

11 孟華玲：〈謝冰瑩訪問記〉，北京：《新文學史料》，1995 年第 4 期，頁 104。

很大的網子結成的。他的頭髮很長，好像經過電燙似的蜷曲，一直披到肩上，完全像一個法國浪漫派的藝術家。不！他很像拜倫。他的皮膚很白，眉毛特別多而濃黑，說起話來的時候，聲音很輕而柔和，不論他對誰說話，老是那麼堆滿了和藹的微笑，這人就是孫伏園先生的弟弟孫福熙先生。

福熙先生不但說話、表情、動作像女人，走起路來的時候，也像女人一樣遲緩而斯文，如果他穿著旗袍，我相信準有人叫他太太的，雖然他的臉比女人要大；但那種「幽嫺貞靜」的態度，實在太女性化了。（謝冰瑩：《作家印象記・孫福熙》，頁 107）

　　沒有特別的字彙，冰瑩僅用簡單的、直接的、素淡的描寫；但一個長得像女人的男人畫面，卻清晰呈現在眼前。身著黑西裝的一個普通男人，但他打了一個很不一樣的領結，又有一頭很浪漫的電燙似的蜷髮披在肩上，這個男人已經有些特別了；冰瑩形容他像一個法國浪漫派的藝術家，並且直呼他像拜倫。但緊接著話題一轉，說他皮膚白，眉毛黑；一般男人也可能會有這些特徵，但緊接著冰瑩形容他的聲音是輕而柔；又說他說話、表情、動作、像女人一般斯文；尤其形容他要是穿著旗袍，準有人叫他太太的，並用「幽嫺貞靜」的態度形容他；就是如此樸素的用詞，但讀者已被她的描繪，被這個「像女人的男人」所深深吸引了。

　　再看冰瑩如何形容孫伏園先生，以及將他與弟弟兩人作比較：

當他在三十多歲的時候，就蓄了滿嘴的鬍子，害得許多人都稱他伏老，伏老；其實，他那裏有半點老的現象呢？紅潤而肥胖的臉，炯炯發光的眼睛，精神飽滿。即使和他談上三四個鐘頭的話，也從來沒有看見他打過呵欠；走起路

來，更是健步如飛……（《作家印象記‧孫伏園》，頁 102）

倆人的面貌有點相像，永遠也不會忘記，因為伏老的特徵是那一蕞黑長鬍子；而福熙則是這一頭黑蜷髮。（《作家印象記‧孫福熙》，頁 107）

簡單的形容詞：紅潤而肥胖的臉，炯炯發光的眼睛，精神飽滿，健步如飛……因為滿嘴的鬍子，所以冰瑩說「伏老」，這種形像怎會「老」呢？冰瑩說起倆人的面貌有些相像，永遠也不會令人忘記，只是一個是蕞黑長鬍子，一個是一頭黑蜷髮；這種直接的描寫，卻使我們擁有一個遐想的畫面，達到形象化的藝術境界，無疑這也是美的一種表達。

冰瑩對人物的描寫最善用的是白描。她對曾使用的一個佣人─孟媽，有很深的懷念。在她第一次見孟媽時，如此的描寫：

矮矮的個子，又大又胖，一雙三寸金蓮，走起路來，全身的肌肉都在顫動，看樣子是很吃力的。老年人特別怕冷，她穿著一身臃腫不堪的黑棉衣棉褲，褲腳管是用黑色的布帶紮著的；頭髮已經半白了，眼睛也花了，門牙脫落得只剩四個，說起話來，舌頭在齒縫裏一跳一跳的，使人看了，感到一種說不出的難過。這樣一個小腳老太婆，她能做什麼呢？……（《愛晚亭‧孟媽》，頁 38）

以上的描述，使用的都是最通俗、簡潔、明白如話的語言。但卻給人親切的感覺。彷彿一個又矮又胖，半頭都是白髮，一開口說話只剩四顆牙齒，走起路來全身肌肉都在顫動的，穿著一身黑色的、臃腫的、褲腳管用黑色紮著的衣服的一位小腳老太婆，清楚呈現在你眼前。但是這位小腳老太婆，卻是實際生活的反映，冰瑩素淡的描寫，卻展現出作品的淡然清新的韻味。這也是令作品可讀性的因素吧。

二、真醇的事相描述：冰瑩有一顆熱情、易感的心，對事情、對人生，往往有其獨到的見解。在她的作品中，我們時時看到她對事相真醇的描述。

在〈兩塊不平凡的刺繡〉一文中，有一段話是描寫冰瑩的姊姊沒信心，無法繡出跟媽媽一樣好的刺繡時，冰瑩描寫媽媽的回答，讓我們體認到她對事相揭示出真醇的用心：

> 繡不好，沒有關係，要緊的是：你要肯虛心學習，不要畏難，不要希望一步登天，要慢慢地學；只要你能虛心，肯專心，有恆心，下決心，不論什麼事，都可以做成功。（《愛晚亭·兩塊不平凡的刺繡》，頁5）

在〈海濱拾貝殼〉中，冰瑩用簡潔的文字，敘述人生的真締，不是在表面可探得到，需要用心，慢慢去體會：

> ……我愛在海邊拾貝殼，不知為什麼，我對於它們有一種特別的嗜好，不論我心裏有多大的憂愁，多大煩惱，只要一走到海濱，看見這些可愛的小貝殼，小珊瑚，和各種顏色不同的小石頭，我便蹲在那裏很高興地去拾它們，而且喜歡向沙裏很深很深的地方去挖掘，有時手指碰著貝殼弄出血來也不後悔，因為我知道最美的貝殼，常常是藏在石頭下面，或者沙子的最深處的。（《愛晚亭·海濱拾貝殼》，頁69）

美麗的貝殼，並非處處可見，往往要到很深的沙裏去挖掘，甚至有時手指碰著貝殼還會流血，但是為了能拾掘最美的貝殼，是要付出代價的。冰瑩用樸實淺易的文字，娓娓訴說著人生的道理，不誇飾、不鋪張，但讓我們有深深的觸動。

在〈赤子之心〉一文中，把一顆兩歲半小孩的赤子之心，真摯呈現。冰瑩兩歲半的孩子湘兒，因老鼠把他最心愛的洋娃娃咬

破了，他放聲大哭，淚如雨下。冰瑩哄他不哭，將買一個新的給他，孩子卻不要，「我不要，我不要，牠咬死了，媽媽，牠痛呵！」冰瑩說：

> 雖然是簡單的幾句話，也不會說「她給老鼠咬死了」，我卻
> 了解他的心：他以為洋娃娃是有知覺的，以為牠也有生死
> 的區別，……他緊緊地抱住那個受傷的洋娃娃，像一位仁
> 慈的母親，抱著牠死去的孩子似的那麼傷心，那麼悲哀地
> 哭泣。……沒法，我只好趕快把小藥箱打開，用棉花棍給
> 洋娃娃上點紅藥水，告訴他洋娃娃已經不痛了，這才慢慢
> 止住他的哭聲。（《愛晚亭‧赤子之心》，頁 143-144）

誠如冰瑩所言，孩子用的是最簡單的話，表示給老鼠咬的洋娃娃是多麼痛，相對的冰瑩也用了最簡單的語彙來描述孩子的赤子之心，多可愛，多嫵媚！她說：「孩子眼裏帶淚的微笑，我以為是世界上最美麗，最有趣，最可愛，最嫵媚的一個鏡頭。」（謝冰瑩：《愛晚亭‧赤子之心》，頁 144）如此樸素的語言，卻能把一顆真醇的赤子之心，赤裸坦誠表露出來，其魅力無以抵擋。

在〈遙寄黃泉〉一文中，對母親熱烈的思念，僅用平實的字彙，卻難掩真切之情：

> 親愛的媽……我現在要告訴您的，是我愈到老年愈想念
> 您，愈需要您的安慰，您的鼓勵。媽，我一刻也不能離開
> 您，唉！怎麼辦？您如今和我已相隔兩個世界啊！（《生命
> 的光輝‧遙寄黃泉》，頁 75）

用一連好幾個「愈」這個平實的字眼，一層層加強對母親的想念；接著用「唉」表達出思念又該怎麼辦，好無可奈何呀！使內心深情，因這兩個簡樸的字眼：「愈」及「唉」，將真情推到最高處。

　　冰瑩又善用簡單、樸實的口語來傳達事相。在《從軍日記》裡有句話：

　　　　可憐的老百姓，該死的惡軍閥！[12]

　　用簡單、樸素的字眼—「可憐」，來形容老百姓的無助；「該死」，來形容軍閥的可惡，卻能一針見血，使人痛快淋漓。又如：

　　　　……他的妻子有位 S 城的土匪想強姦她，她兩手緊抱著她的兒子，那萬惡的土匪就把小孩撕做兩塊，好傷心阿！好殘忍啊！[13]

　　用通俗的字：「好傷心」、「好殘忍」，卻點出母親的椎心之痛；點出土匪的兇忍殘暴。

　　三、質樸的景物描繪：冰瑩對景物的描繪，正如她對人物的描寫，及事相的描述一般，沒有華麗、炫耀的言辭，僅是簡樸、直率的平實字眼。儘管如此，確能從質樸的描繪中，領略出另番情趣。如果以景物的描繪而言，冰瑩做過最多、最貼切的描寫就是「愛晚亭」；同時以家鄉而言，令她最不能忘懷的勝景也是「愛晚亭」。

　　〈愛晚亭〉一文，可算是冰瑩景物描繪的精典之作，現在就其所描繪的文字，摘錄如下：

　　　　水是那麼清，那麼甜，流水的調子是那麼悠揚而令人心醉。微風起時，楓葉便發出輕細的軟語，恰像愛人躲在樹叢裏喁喁情話。猛不防，一陣疾風吹來，松濤像萬馬奔騰，鼓樂齊奏，使你聽了好像覺得天地在旋轉，萬物在歡唱，在狂舞；這時候，你根本忘記了自身的存在，只覺得大自然的偉大，神秘。你到了這種境界，完全與大自然合而為一，

---

12 艾以、曹度編：《謝冰瑩文集（上）・從軍日記》，頁 294。
13 艾以、曹度編：《謝冰瑩文集（上）・從軍日記》，頁 293。

你沒有憂愁，沒有煩惱，沒有痛苦；你所感到的只是自我的渺小與無能，你恨不得化身為落葉，隨風飄盪，該有多麼輕鬆自由！

……看久了，眼睛會花，腦筋也會亂。這和聽濤聲的感覺又不同：你週身會感到輕鬆愉快，感到飄飄然，感到人生充滿了快樂，充滿了希望，前途像陽光一般燦爛，生命像一團火。

春天，你像一個含苞待放的蓓蕾，你像初出湖水的荷渠，你像一個娉婷的少女，你脈脈含情，滿身都披著嫩綠，使人一見你，便感到一種青春的活力在跳動，青春的熱情在奔流；夏天，你像一朵絢爛地開放的玫瑰，濃蔭遮住了陽光，你不再是含羞答答的少女，而是熱情如火如荼的姑娘。秋天，你更嫵媚了，並不因秋風蕭索而使你消瘦，使你憔悴；相反地，秋高氣爽，你更顯得瀟灑風流，孤高雅潔。冬天，你更美麗了，白皚皚的雪，把整個嶽麓山點綴成純銀世界，青楓峽裏滿眼都是玉葉瓊枝，雪花飄舞。愛晚亭阿！你經過了春、夏、秋、冬四季的盛衰；然而你並不曾改變絲毫，古老的蒼松翠柏，還是那麼挺立在風雪之前。

（《愛晚亭‧愛晚亭》頁 47-51）

　　第一個例子，是在說明，嶽麓山是愛晚亭的一個勝景，嶽麓山上有一條來自山頂的小清溪。以簡潔、樸實的數十個字眼，彷彿水真的是清甜的，流水的調子真的是悠揚令人心醉的。第二個例子，描述在青楓峽裏聽濤聲，微風與急風有不同的情趣；人與大自然合而為一，感到大自然的偉大，神秘；自我的渺小與無能。第三個例子，描寫葉縫裏漏下來的陽光，閃著金色的光輝，像水銀似的流動著。令人感到人生是充滿了快樂及希望。最後例子，

以四季不同的姿色來描繪愛晚亭，是最精彩的描寫。從夏天象徵含情脈脈，含苞待放的少女；形容到春天、秋天，直到冬季玉樹瓊枝，雪花飄舞的世界……不同的四季，也象徵著人生不同的變化與際遇，然而，不論盛衰，或是興榮，不會改變的是，愛晚亭就像挺立在風雪中的蒼松翠柏。正如冰瑩對人生的不畏艱難的奮鬥毅志。

　　以上的景物描繪，見不到精雕細琢的華美辭彙，所使用的都是平實、通俗的文字。卻使我們感到親切自然。再舉一個描寫景物的例子：

> 每當夕陽西下，最後的紅光射在水中蕩漾的時候，我們便爬上了三樓，三五成羣的同學，並肩遠眺往來的帆船。漁人唱著愉快的歌曲，慢慢地搖著輕舟，踏上他們的歸程；微微的江風，一陣陣送來濃郁的花香，浮在水上的帆船，正像海鷗般輕飄；隔岸的山嶽，籠罩著一層薄薄的灰幕，這是一幅多麼富有詩意的圖畫呵！（《女兵自傳‧在樓上示威》，頁 36）

　　這是冰瑩就讀益陽教會學校時，學校面對著資江，遠眺資江夕陽下的風光描繪。在火紅太陽漸漸轉淡的夕陽下，遠眺的江面上，漁帆點點；有漁人歡唱的歌聲；有海鷗自在飛翔著；有輕輕的海風傳來陣陣花香；在江對面籠罩著一層淡淡、薄薄煙嵐的山，陪襯著如畫的江面。冰瑩使用的都是淡而樸素的文辭，但，一幅富有詩意的圖畫，卻使我們有身臨其境之感。

　　另外還有很多描寫景物的文章，如〈臺灣素描〉、〈雨港基隆〉、〈蘆溝橋的獅子〉、以及《冰瑩遊記》……等等，冰瑩使用的都是簡單樸實的文字，卻能將它們的真、實、親以及美的特色呈現出

來。老子的「味無味」[14]，以恬淡為味，治之極也的道理，來詮釋在冰瑩文章樸素自然的語言技法，應該是很妥貼的。

第四節　自由的營造

謝冰瑩的作品予人的感覺，是至性真情的流露，毫不矯飾的表達。正如她自己所一再強調的文章風格：「真、誠、自然」。文藝的功用原在表現，如果寫出來的和心理所想的不一致，那就無異於說謊，失去了表現的意義。[15]至性深情的流露，如沒經過一適當的表達，如何能讓讀者與之神交，與之共融一體？所以真誠的情感，真實的內容，用最自然、通俗的方式呈現，又不失美感，方能達到文學藝術美的境界。

冰瑩一再強調她的文章沒有故意的雕琢、粉飾，也不虛偽誇張；然正是這種沒有技巧的技巧，才是其作品吸引人之處；誠如朱光潛先生在《談文學》一文中說：「文藝是一種表現，而不是一種賣弄。表現的理想，是文情並茂，充實而有光輝，雖經苦心雕琢，卻是天衣無縫，自然熨貼，不勉強作為痕迹。」[16]

因此「表現」是文學最終的呈現，表現出的不僅有內容，又要有情感。表現的手法要自然，雖經雕飾，要不露痕跡；所以真正的文學作品，絕不是技巧的賣弄，而是真情、事實的表達。

冰瑩的文章，不講究文字的修辭，不談結構，不拘於一格，

---

14 老子第六十三章：「為無為，事無事，味無味……」詮釋聖人不為大，卻能成其大的道理。參考余培林：《新譯老子讀本》（台北：三民書局，1997年8月12版），頁100。
15 朱光潛：《談文學》（上海：上海文藝出版社　2001年1月第1版），頁80。
16 同上註，頁39。

筆隨意走，順勢而行；正因如此自然的寫法，使其文章呈現出自己獨樹一幟的風格，那就是活潑。今就其作品中表現的這種技法，介紹如下：

一、使用俚語、成語：

「洞庭湖裏水飄飄，好夫好妻命裏招」無論是什麼樣的人，許配了他，就要嫁給他的！何況蕭家有財產，有名望；蕭明也是個好人，並沒有瞎了眼睛，跛了腳。要知道「千里姻緣一線牽」，夫妻是前生就安排定了的，怎麼能反對呢？（《女兵自傳·被母親關起來了》，頁 101）

「好子不要爺田，好女不要嫁奩。孩子，你究竟是個知禮義的讀書人。」（《女兵自傳·秘密會議》，頁 124）

……父親是最愛二哥和我兩人的；而現在二哥死了，我呢？將比二哥更使他們傷心！他們也真像含泥砌巢的燕子一般——「燕子含泥空費力，養大毛兒各自飛。」母親教給我的歌曲，如今卻做了她自身的寫照了。（《女兵自傳·秘密會議》，頁 125）

　　第一個例子，冰瑩用母親當地的俚語「洞庭湖裏水飄飄，好夫好妻命裏招」及「千里姻緣一線牽」，描寫母親希望冰瑩能心甘情願接受父母的婚姻安排。第二個例子，用成語「好子不要爺田，好女不要嫁奩。」誇獎冰瑩；第三個例子，也是用成語「燕子含泥空費力，養大毛兒各自飛。」清楚表達自己有一天，會使父母親傷心，是可預見的。以上三個例子，都是冰瑩母親在勸她能接受已為她安排好的婚約，相勸她的話，使用一般通俗明淺的俚語、成語，加強說服的語氣。

二、誇大、反諷的修辭：

母親驕傲誇耀她的威風：「別的女人一出外便變壞了；我的
女兒，是不敢的，即使她在外面做了女皇帝，還是遵從父
母之命的。」(《女兵自傳‧被母親關起來了》，頁 114)

學校不知是什麼魔窟，凡是進去的人，都像著了魔一般，
回來都鬧著退婚；祇要是父母代定的婚姻，不論好歹，都
不承認。(《女兵自傳‧被母親關起來了》，頁 102)

我對於這樣寬敞、堅固的房子，並不感到什麼；因為我是
絕對不願老死鄉村的，即使她有羅馬教堂那麼莊嚴、華麗，
我也不會住到這裏來的。(《女兵自傳‧被母親關起來了》，頁 98)

在望見了那所我第一次見到的新屋時，好像有一種微弱而
沉痛的聲音在我耳邊響著：「這就是禁閉你的牢獄呵！」
(《女兵自傳‧被母親關起來了》，頁 96-97)

『笑話！禮教也敢反對嗎？』『她是數千年來聖人立下
的……誰也不敢反對，難道你這丫頭，也敢反對禮教嗎？
唉！你也不想想，貞節碑坊是如何樹立的呀！人家十二歲
的女孩就知道守節，而你們這些講自由的人，恐怕一年嫁
二十四個，還沒有丈夫過年！(《女兵自傳‧被母親關起來了》，
頁 103)

　　第一個例子，冰瑩母親反諷：自己的女兒無論有天大本領，
即使做了女皇帝，還是要遵從父母之命的；也誇大自己的權威是
不可被違背的。第二個例子，冰瑩母親反諷：學校是魔窟，進去
的人，都像著了魔一樣。第三個例子，冰瑩反諷：即使家鄉如羅
馬教堂華麗，她也不願老死鄉下。第四個例子，冰瑩形容母親為
自己準備的新屋像牢獄，含誇飾又兼反諷。第五個例子，母親誇

張的使用：恐怕一年嫁二十四個，還沒有丈夫過年的土話，譏諷冰瑩禮教也敢反對，禮教是數千年來聖人立下的，十二歲的女孩就知道守節，諷刺口口聲聲爭自由的人，連此理都不懂。以上的幾個例子，冰瑩技巧的使用了修辭學的誇大，使文字活潑、新鮮，也加強了文章的力度。

三、新奇的比喻：

例一：

……特別是那根被我們弄得很光滑柔軟的皮帶，真不願把它解下來。記得最初繫它的時候，大家都感到麻煩，而且硬蹦蹦地縛在腰上，怪不舒服的……後來慢慢地習慣了，除了睡覺，簡直一刻都離不開它。我常把它和槍當做我的愛人一般看待……至於槍，更比我的生命還寶貴，毀滅舊的制度，創造新的社會，都需要著它……（《女兵自傳・歸來》，頁94）

冰瑩把在從軍時，與她一刻不離身上的皮帶和槍，比喻成她的愛人一般；甚至將槍視為一個毀滅舊制度的不可缺少的工具；如此新鮮的比喻，使文章增加可讀性和趣味性。

例二：

—— 呵，明白了，那一定是二哥的靈魂，在拿著火把歡迎我去；他是不能離開我的，他曾經說過他和我的關係，好像人的肉體和靈魂，雖然是死了，靈魂還是有知的。他也許在陰間生活得太寂寞，太淒涼了，所以來接我一同去生活。我近來的痛苦，他也許冥冥之中完全知道了，最愛我的二哥，你難道真的來救我了嗎？（《女兵自傳・第二次逃奔》，頁137）

　　冰瑩為婚約第二次逃奔時，在家鄉附近的一座人跡罕見的森林裡，跌倒了，迷路了，當時又是一個有雨的夜。當她看見火光時，以為是與她感情最好的二哥來接她了。冰瑩用反問「你難道真的來救我了嗎？」又用「肉體和靈魂」特殊的解釋，將她與二哥親蜜的感情直接的描述出來，讓讀者充滿感動。

　　例三：

> 天空是那麼黑，那麼低，雨點像萬萬千千的亂刀在廝殺，白閃閃的亮光，使你看得眼花撩亂，心驚膽戰。我詛咒颱風，痛恨霪雨，我恨不得有一把神刀，能斬風魔，殺雨鬼，把月亮從雲層裏救出來，讓星星出來跳舞。（《愛晚亭・颱風之夜》，頁74）

　　冰瑩詛咒颱風的夜，有風又夾著雨，她恨不得用一把神刀：斬風魔，殺雨鬼；讓天空不再黑，月亮和星星一道出來共舞。如此的寫法，如同穿上想像的翅膀，使行文生動不少。

　　例四：

> 生活像一條可怕的鞭子，她時時都在抽打我，使我有時感到酸痛，有時感到厭倦，也有時感到興奮。我像一匹駱駝，載著過重的擔子，在漫漫的沙漠旅途上行走，累了，倒下去，爬起來，仍然要走。（《我的回憶・窮與病》，頁91）
>
> 我是在苦海中鍛鍊過來的，能夠把一杯杯的苦酒，當做葡萄汁喝下去。那怕一天吃兩個饅頭過日子，我也能甘之如飴，換句話說，我絕不怕挨餓受凍，但我怕害病！消磨我的志氣，使我時時感到苦痛，希望靜悄悄地倒下，得到永久的休息也是病。（《我的回憶・窮與病》，頁93）

　　形容生活：像一條可怕的鞭子，時時在抽打著她，卻使她的感覺有時痛苦，有時興奮；又像行走在沙漠的駱駝，雖然累了，

可是仍然要走下去；但是作者卻能把這些生活中的苦，當做葡萄汁喝下去，從這篇〈窮與病〉，對生活新奇的形容，行雲流水的描寫，同時也讓我們體認到作者的堅強。

例五：

> 難道編輯室的生活，永遠是這麼繁忙、黯淡、清苦、寂寞的嗎？其實也不盡然，有苦也有樂。他正像一個終年勞碌的園丁，辛苦地拔除雜草，播下種子，然後灌溉施肥，小心翼翼地培植它長大，使它開花結實，任遊人欣賞。當他聽到有人贊美：「花開得真美！」或者「這果子又甜又大！」的時候，園丁的心裏是比他有了百萬家財還高興的。（《我的回憶·戰時生活》，頁83）

把編輯比喻成園丁，編輯的生活是繁忙、黯淡、清苦、寂寞的，正如一個終年勞碌的園丁，但其中又不盡然全是苦，有苦也有樂，當開花結果時，比擁有百萬家財還高興。

例六：

> ……那些紅的綠的火焰，從茶壺的肚子裏伸出來，真像一個火舌，非常美麗！我想拉風箱的，如果是個有藝術天才的人，他一定由這些顏色不同的火焰裏，繪出各種各色的花樣來；如果他是個詩人，他會寫出一部壯烈的詩來。的確，火焰是太美了，照在拉風箱者的臉上，刻劃出一副為生活而勞苦的瘦臉。
>
> ……我對於拉風箱是越來越感到興趣了，我愛看那生氣勃勃的火焰，愛聽那劈劈拍拍的爆炸聲，只要我肯用力拉，從一塊將要熄滅了的炭上，可以燃燒起通紅的火焰來。從這裏我得到了一個結論，人是應該向上的，努力的，奮鬥的！只要你肯動，不管是勞心或者勞力，總有你收穫的一

天。(《我的回憶‧拉風箱》,頁 85-88)

從拉風箱與生活連接在一起,從拉風箱者的臉上,體驗到為生活的勞苦,是要付出代價的。也從拉風箱得到啟示,只要肯努力,一定會有收穫。

四、使用白話語體詩:

例一:

　　……他是上帝驅使下凡的天使,

　　他是手持利劍的愛神,

　　愛神呵!

　　你一劍射穿了我的心,

　　奪去我的靈魂!

　　你是吃人惡魔,

　　我要殺掉你才甘心。……

　　(《女兵自傳‧初戀》,頁 53)

用白話語體詩,將初戀時的內心掙扎,表露出來。那個用愛神的箭射穿她心的人,像天使,也像惡魔。

例二:

　　永別了,我的故鄉!

　　美麗的故鄉呵,

　　有翠綠的青山,

　　有潺潺的流水,

　　杏桃如畫,

　　垂柳如絲。

　　美麗的故鄉呵,

　　曾陶醉了我兒時的心靈,

葬送了我寶貴的青春。

到現在，只剩得心坎上的血痕深深。

封建社會的猛虎，

想要吞沒這顆黑暗中的明星。

奮鬥呀！

只有奮鬥才能得到最後的成功。

永別了我的故鄉！（《女兵自傳‧第四次逃奔》，頁 158-159）

當冰瑩逃婚成功，趁著黑夜，向長沙進發，用白話詩表達對故鄉的最後巡禮。故鄉有她甜美的回憶；但也有如猛虎的媽媽，及不合理的封建制規；她唯有奮鬥，才能使在黑暗中被吞沒的這顆明星（用明星形容自己），重見光明。

五、委婉有致，氣勢如弘的議論：

例一：

『我這次是專為此事回來的，爸爸。我前次寫回來的信，想必你老還記得很清楚，我和蕭明是絕對不能結合的！他與我不但沒有半點愛情，簡直連感情都沒有；他的思想，興趣，都不和我相同；他的個性，能力……，我完全不了解，怎麼好同他結成夫婦呢？』（《女兵自傳‧被母親關起來了》，頁 99）

例二：

『爸爸，要結婚後才能發生愛情，那只是你的結婚哲學，那只是封建社會獨有的怪現象；如今時代不同了，男女二人，一定要經過情感的進化，才能達到結婚的目的。最初由認識而成朋友，由朋友的情感，進到戀愛的階段，愛情達到最高點時，兩人就結合而成永久的伴侶，這就是所謂

夫婦；至於思想一致，更屬重要了！朋友兩人的思想不同，尚且不能結交，何況夫婦乃是一生的快樂與幸福的創造者；倘若思想不同，各走各的路，愛情立刻會破裂的；尤其現代的婚姻，絕不是像封建時代一般，它的目的僅僅在組織一個家庭，現代的婚姻，是與改造社會有直接關係的；兩個人結合了，並不是只求自我的享樂，主要的在兩人同為國家服務，為社會工作；因此他們不但是夫婦，同時也應該是摯愛的朋友，忠實的伴侶。蕭明的思想是與我絕對不同的，根本就失掉了和我結婚的第一個條件。』（《女兵自傳‧被母親關起來了》，頁 100）

例三：

『愛情不能帶有絲毫的強迫性，她是絕對自由的。不能強迫一對沒有愛情的男女結合，也不能強迫一對有愛情的男女離開。你愛我，那是你的自由；我不愛你，也是我的自由，我不能禁止你愛我，正如無法勉強我愛你一般。為我們的前途打算，還是很理智地解除婚約，你去娶一個你理想中的妻子，她能永遠地安慰你，幫助你成家立業；我去和我理想中的愛人結婚，過著甜美幸福的生活。這樣，對個人對國家都有好處，不要固執著你的見解，而誤了兩人的前途。』（《女兵自傳‧第四次逃奔》，頁 150）

例四：

『愛情不能施捨，更不能欺騙！我可以把你當做是我的好朋友；然而我絕不能給與你超乎友誼的愛情。我不能攜牲我的主張，不能做你的妻子；你如果想要享受人間的幸福，就請趕快和我解除婚約，另娶一個女人吧！』（《女兵自傳‧第四次逃奔》，頁 151）

以上四個例子，都是冰瑩對愛情和婚姻的獨到見解，娓娓道來。義正辭嚴，語氣堅定，筆觸靈活，表達明暢，淋漓盡致。

六、對事物平實的描寫：

例一：

> 最使我感到苦痛的要算「病」了。從表面上看來，似乎我並沒有什麼病，除了黃瘦，除了兩顆大眼珠，漸漸地塌下去而外，我並沒有其他的病象，其實我整天都在過著病的生活。先說腦病，這也許是朋友們說的用腦過度，但我始終認為這是二十五年春天在日本坐牢，被日人用刑後的結果。一到下雨，或者天陰刮風的天氣，我的腦病就發作了……兩隻眼睛真能「察秋毫之末」，我素來引以自豪的，如今也漸漸由近視而變為視線模糊了。每次如果遇到頭暈眼花的時候，兩個耳朵也像放警報似的嗚嗚地大叫起來。鼻子更是整天流清鼻，整天傷風……最近嗓子啞了一個多月也治不好，老實說，我也吃不起藥去治她，一切讓她去發展吧，……還有一個病，也使我日夜焦慮而找不到醫治方法的是溼氣……（《我的回憶・窮與病》，頁91-92）

冰瑩將自己身上的「病」，平實的敘述出來，就像對多年不見的老友般，訴說自己的病痛，只想一吐為快；讀者也是以平常心，默默、靜靜的接受；但內心仍是有所感觸。

例二：

> ……對成都，我曾有過好感，也曾有過惡感，我愛它道路沒有坡，但討厭它不平；我愛它城市裏有小河，像威尼斯一般美麗，但討厭它的骯髒；我愛成都的小吃和那些小巧玲瓏的銀器、竹器，那怕我只能隔著窗子瞧一瞧，也感到

十分的滿足。我討厭電話不通，電燈不明，我討厭街上行
人的隨地亂吐；尤其一到冬天，滿地上到處是唾液鼻涕，
令人一見就嘔心；還討厭老媽子的無情、懶惰、陰險可怕；
可是現在，當我將要告別成都的時候，這一切厭惡的心情
都消逝了，留在腦海中的，只有良好的印象……（《我的回
憶·再會吧，成都》，頁 123）

對成都的好感、惡感，所有的一切感覺都如實描述出來；一
旦將要告別成都的時候，卻只記得它的好。正如我們一般平凡的
人，要離別時，就只記得別人的好，陳述的如此真實。

例三：

武漢 —— 我的第二故鄉，自從你被敵寇凌辱以後，我無時
不在想念著你，記得在你淪陷之前，我曾和友人談及不應
該在紙上宣傳保衛大武漢，也不用在牆壁上寫什麼保衛大
武漢的標語，我好像有一種迷信的預感，凡是有保衛兩字
都是不吉利的，自然，這是一種錯誤觀念，但由此可以知
道我愛護武漢的深切，我不願因保衛反而失去了我的第二
故鄉。

……現在我投入了武漢的懷抱，我看到淒涼滿目，碎瓦頹
垣的慘狀；也看到我們忠勇的同胞，在艱苦的環境裏掙扎
奮鬥的精神……

然而現在是真的勝利了……武漢 —— 我的第二故鄉，七年
來，你都在敵人的鐵蹄下，過著被侮辱的生活，如今是揚
眉吐氣的時候了！（《我的回憶·滿目瘡痍的武漢》，頁 139-140）

武漢是冰瑩的第二故鄉，她深切的愛著武漢。先是描寫抗戰
時的武漢，深恐太愛武漢，反而給它帶來災禍，所以不敢提到要
保衛的字眼；接著提到在戰爭中武漢被摧殘的慘狀；最後是抗戰

鬥勝利後的武漢,用四個字「揚眉吐氣」做一總結,雖簡單陳述,卻使我們體會到作者的一片赤忱熱烈之心。

例四:

> 我以為最有情的人,也是最無情的人;能夠熱烈愛別人的人,也能夠殘酷地克制自己絲毫不愛。我覺得只有自己感受痛苦最多的人,才能了解別人的痛苦,同情別人的痛苦,而能真正為人類做出一點有利益的事業出來;同時一個富於感情的人,他一定輕視利祿,更不忍做剝削人類,壓迫人類的劊子手。於是我們得了 一個結論,凡是世界上那些貪官污吏、土豪劣紳、軍閥、帝國主義之類,他們一定像動物裏面的豺狼虎豹一般,沒有絲毫人性,更談不到人類愛,每個細胞都充滿了自私自利,每滴血液都是黑色的。

（《女兵自傳‧海濱故人》,頁 293）

冰瑩對有情無情的獨到見解,同時引申到那些沒有人性,像豺狼虎豹一般:貪官污吏、土豪劣紳、軍閥、帝國主義之類的人,是沒有人性,自私自利的。

七、抒情的描寫:

例一:

> 秋天是一年中最好的季節,我想是誰也不能否認的。我愛秋天,並不是因為我到了中年的緣故,也不是因為秋天是收穫的季節,金黃的稻穀登場,鮮紅的柿子上市;而是覺得秋色晶瑩,秋氣清爽,秋容淡淡,秋意綿綿……
>
> 我愛秋天,更愛秋月,因為秋夜的清冷之氣,配以皎潔的明月,那溫柔的光輝,靜靜地普照著大地,格外富於美感,格外顯得幽靜;這時候,最容易引起文人的沉思冥想。我

愛在秋夜寫作，秋蟲唧唧，伴我寂寞；秋月皎皎，慰我精
神；有時候，一縷青光從窗外樹隙裏射進書房，我連忙關
了電燈，靜靜地欣賞那寧靜、幽閒、清雅、美潔的光輝。
我的靈魂美化了，她也像月光一樣聖潔清雅，輕飄飄地飛
入雲霄。

秋，給我眷戀的故事太多了！我愛秋，可是我只想欣賞秋
的美景，領略秋的純潔；而不敢多作秋的回憶 —— 在海的
那邊，秋天的明月，也和台灣一樣的皎潔，秋天的白雲，
也是這樣悠悠在飄動，可是……唉！秋天雖然美麗；但是
秋風颯颯，落葉蕭蕭，每一念及骨肉親朋，生離死別，不
覺黯然神傷！唉！秋天畢竟是愁人的季節呵！……（《愛晚
亭·秋戀》，頁 86-89）

秋天，是冰瑩最喜愛的季節。她喜愛秋的一切：秋色的晶瑩，
秋氣的清爽，秋容的淡淡，秋意的綿綿；同時秋也給她很多眷戀
的事；秋天也好、秋月也好、或是秋景，都有訴說不完的美麗。
最後，作者筆鋒一轉，道出秋天其實真正是愁人的季節，使人很
容易想到骨肉親朋的生離死別，不覺黯然神傷，把秋天做了深切、
妥貼的描述。

例二：

我像一隻失了舵的孤舟，飄浮在波濤洶湧的大海裏！我像
一匹弱小的羔羊，失落在虎豹怒吼的森林；我像一隻失羣
的孤雁，整天在空中哀號，飛過了喜馬拉雅山，飛遍了天
涯海角；但，何處是歸宿啊！天！（《女兵自傳·奇遇》，頁 191）

當冰瑩逃婚成功，一個人到上海求生存時，形容自己：像一
葉孤舟，駛在渺茫無際的大海裏；像一頭羔羊，失落在森林；像
一隻孤雁，不知歸宿何處？雖然是質樸的描寫，但我們卻能感同

身受。

例三：

> 自從來到廈門，我幾乎天天都要到海濱去散步，踏在那細
> 軟的沙子上，有一種說不出來的舒適。當海風捲起雪浪來
> 襲擊海岸時，在美麗的浪花裏，會拾到許多小巧玲瓏的貝
> 殼，和五色斑爛的小石子；還有那些碧綠的海草，長的像
> 秀髮，又美又可愛。我更愛躺在潔淨輕柔的細沙上，靜聽
> 著海潮的傾訴；當微風輕輕地從我的身邊掠過，那種又清
> 涼又輕鬆的感覺，真是舒適極了，甜美極了！
>
> 誰能否認海的偉大呢？我愛海，並不僅僅因為她的顏色美
> 麗，和藏在海底那許多有趣的玩藝兒，而是愛她的胸襟廣
> 闊，化污穢為清潔。她容納無數的細流，儘管它們的顏色
> 有黑的也有黃的，一旦流到了海的懷抱，便立刻變成碧綠
> 的了。碧綠是代表和平，代表一種靜美。一個人，那怕他
> 的脾氣有如虎狼那麼凶暴，我相信如果長住在海濱，一定
> 會變得和羔羊一般馴良；同時，那些心懷狹隘的人，如果
> 常與海做朋友，我相信他也會改變成豪爽、痛快的性格。
>
> （《女兵自傳‧海戀》，頁 288-289）

　　冰瑩於民國二十二年（1933），曾到廈門中學擔任國文教員。那時她幾乎天天到海邊散步，寫下這篇抒情氣息濃厚的短文─〈海戀〉。文中描寫她愛海的美麗、偉大的胸襟，與海做朋友會變成像海一樣靜美、和平。對海的感情描述的直接、誠實、自然。

　　冰瑩文章，無技巧的技巧，使其作品不拘一格，自由自在、無拘無束的表現，這點應該是最與眾不同之處。其行文的活潑自由，可以說在她的作品裡俯拾可見，在這裡就不再多做說明及舉例了。

第八章　結　論

　　謝冰瑩是我國早期二、三〇年代成名的女作家，她的崛起是以《從軍日記》、《女兵自傳》享譽文壇及當時社會。綜觀其一生及其寫作上之成就，歸納出以下五點：

　　（一）、開起反封建的先鋒：謝冰瑩出生於舊禮教的封建體制下，成長於風氣閉塞的農村社會；她卻能勇於向舊禮教挑戰：拒絕纏足；絕食爭取讀書；不惜以不孝之名違背父母，換取婚姻自由；打破世俗男子從軍的觀念，以女兵形象從軍；以女子纖弱之軀，自組戰地服務團，奮勇走上戰場等等。以上這些行為，對當時封閉的社會，喚醒了女性意識的覺醒，冰瑩成為反封建的先鋒部隊，這點無疑是值得被肯定的。她的《女兵自傳》就是最有力的證明。

　　（二）、首創以女兵文學為寫作題材：謝冰瑩在參加北伐從軍時，以急就章方式，日記式體材，將所見、所聞、所感，寫成《從軍日記》，刊載於當時漢口《中央日報》，給文壇注入了一股新氣象。並因林語堂先生的英譯文，引起國際的注意，對我國當時的北伐革命，無形間也增加了一番鼓舞的作用。另《女兵自傳》以女兵自稱，將一個女兵向舊禮教、惡劣環境奮鬥的自強故事，忠實呈現於讀者面前，得到很大的迴響，不僅在文壇上造成轟動，甚至有些國家將之納入其中學教材，接著陸續有日、英、法、韓、德、義、俄等國之譯本問世，在當時文壇及社會，還有國際間，

所造成的影響可見一般。有些評論者對此種題材提出其肯定看法：如盛英在《二十世紀中國女性文學史》中認為謝冰瑩的女兵文學，在中國現代文學史上，寫下了令人刮目相看的一頁，有其特殊及被珍視的地位，他說：

> 謝冰瑩主要是以「女兵文學」寫下了令人刮目相看的一頁。無論是對於成長中的中國女性文學，還是對於謝冰瑩自身來說，她的流溢時代風采的「女兵文學」，都是值得珍視的。1

司馬長風在《中國新文學史》中，肯定她的從軍經驗的作品，認為那是近代中國文學中的首創：

> ……近代中國女子從軍，且以新文學將從軍經驗表達出來的，謝冰瑩是破題兒第一遭，因此她的《從軍日記》發表後，立刻轟動全國，並很快譯成英、日、德、法諸國文字而傳播於世界。2

以上兩位之評論，皆認為女兵文學寫下了文學史的新紀元，在文學上有其特殊之意義及價值。

（三）、作品豐富縱橫多姿：謝冰瑩著作等身，她的著作文字達一千餘萬言，成書有七十餘種；前期作品，除了以女兵文學的《從軍日記》、《女兵自傳》綻放異彩外，還有一些寫實、報導作品如：《在日本獄中》、《抗戰日記》、《軍中隨筆》等等。也有兼及社會現實層面的作品，如：《麓山集》、《湖南的風》等等，概而言之，前期作品創作，大都是緊貼著時代氣息的脈動，反封建意識強烈，含有「兵」的率真豪爽；民國三十七年來台後之後期作品，

1　盛英：《二十世紀中國女性文學史》（天津：天津人民出版社，1995 年 6 月），頁 237。
2　司馬長風：《中國新文學史》（台北：長歌出版社，1973 年 3 月），頁 168。

較多的是懷鄉憶舊之抒情作品，如：《愛晚亭》、《故鄉》、《作家印象記》、《我的回憶》、《生命的光輝》、《冰瑩憶往》、《冰瑩懷舊》、等等都是。另外，冰瑩的遊記創作，在後期作品也增添不少，如：《冰瑩遊記》、《菲島記遊》、《馬來亞遊記》、《海天漫遊》等等；在晚年她潛修向佛，也一心希望多花心思在兒童創作，所以她的作品面更廣、更寬，兒童創作有：《愛的故事》、《太子歷險記》、《仁慈的鹿王》、《小冬流浪記》等等；佛教文學有：《觀音蓮》、《新生集》等；冰瑩甚且想嘗試編寫電影劇本，作品也涉及與人合著的一些學術上的著作，如：《新譯四書讀本》、《新譯古文觀止》、《中國文化基本教材》等等。她的作品向以真人真事為創作原則，使讀者有親切感之外，加之文筆通暢流利，語言素樸自然，因此廣受歡迎。

（四）、永遠的作家及良師：「寫作」及「教學」，二者對謝冰瑩而言，如不可分割的連體嬰。謝冰瑩在中學及大學讀的都是師範，教學理應是她的終身職業。然而她在寫作上，所花的時間，不亞於教學，所以她的作品源源不斷。她在來台前，曾在大陸多所中學教過國文，也在北平師大及遷台後的師範大學教新文藝課程，她不僅在課堂上教學生如何寫作，如何閱讀，也教導他們生活上的種種：戀愛、婚姻、工作、學業無所不包，且將之出輯成書，更撥出其忙碌、有限的時間與大朋友、小朋友通信。她的《綠窗寄語》、《冰瑩書柬》、《冰瑩書信》、《給青年朋友的信》、《給小讀者》以及專欄《賈奶奶信箱》等等，談的就是這些內容。在她高齡八十一時，還捨不得「封筆」，她說：她要寫到呼吸停止的前夕，只要她的腦、手、眼還能夠動。因為世間還有許多不平、淒慘、悲壯、苦悶、快樂、和未來充滿了光明、新希望的事，所以她要寫；為了她的無數的可愛的青年和小朋友讀者，她更要寫！

（《冰瑩憶往‧我為什麼要寫作》，頁 163）因之稱呼她為永遠的作家及良師，可說再合適不過了。

　　（五）、清新獨特的風格特色：謝冰瑩的《從軍日記》在出版單行本發行時，大受歡迎；《女兵日記》也一路銷售至二十版；林語堂先生說那是她的文章「氣骨」在做怪。[3]這個「氣骨」，我想用在寫作上，應該是指作者本人的風格。[4]風格就是人。冰瑩一再強調她的文章：文如其人，就是「直」、「真」、「誠」；她的作品都是沒有經過雕琢，最自然的，真情流露的創作。所以在文詞間處處流洩的：是真誠、是素樸、是自然，形成了她作品獨特清新的風格特色。在本論文的第六章及第七章有詳細深入的探討。

　　綜合以上之五點，謝冰瑩以她的傳奇一生遭遇，成為她作品真實的材料內容，也打開了她寫作的序幕；她自創的女兵體材，在文學史上，受到珍視及肯定；但也有一些評論家貶其作品結構鬆散，缺乏細緻的藝術剪裁，給人以粗糙之感：如周錦在《中國新文學史》中，對謝冰瑩的評價，有褒亦有貶；他認為她的作品成功是因政治因緣，表現的率真粗獷具有特色,然結構不夠嚴謹：

> 謝冰瑩的成功是由於政治的機緣，但不是因了作品的文學價值，作品中多是憑藉著一股熱情,猛烈地對舊社會加以抨擊；所表現的粗獷氣，在那個時代中，是具有其特色且是突出的。但作品的結構都很鬆散。[5]

王哲甫在《中國新文學運動史》中，對謝冰瑩的評價與周錦

---

3 謝冰瑩：《我的回憶》（台北：三民書局，1989 年 5 月 5 版），頁 149。
4 傅德岷說風格，指散文家的創作見解在作品的思想、題材、構思、技巧、語言等方面顯示出來的獨特的個性和藝術特色。風格實為散文家內在的思想感情透過文字的表達而構成的一種屬於自己的特殊的格調。風格的內核，概括而言就是一個「真」字，一個「自我」。風格就是人，也就是散文家的「自我」和「真」的體現。以上參見傅德岷：《散文藝術論》（四川：重慶出版社，1988 年 2 月），頁 353-354。
5 周錦：《中國新文學史》（台北：駱駝出版社，1976 年 8 月），頁 449-450。

大約相似。他說：

> 謝氏創作的長處，在於她那一貫熱情，和革命的精神，猛
> 烈地向著腐舊的社會作戰，作者的文字亦流利動人，但在
> 結構上不免有疏散之處。[6]

盛英在《二十世紀中國女性文學史》一文中，雖然肯定謝冰瑩的「女兵文學」寫下了令人刮目相看的一頁。但缺乏藝術剪裁，給人粗糙之感：

> 謝冰瑩主要是以「女兵文學」寫下了令人刮目相看的一
> 頁。……在筆酣墨暢敘寫生活的同時，往往缺乏細緻的藝
> 術剪裁，給人以粗糙之感。[7]

以上之評論，並不能否定她在寫作上的成就，因為在她的作品中，所呈現出的那股清新獨特的風格特色，不僅在當時就是在以後的文壇，也是有其獨特的風味及魅力，這點是不容被忽視抹殺的。她的文章正如她的人永遠都是如此：真誠、自然。冰瑩以九十五歲高齡辭世，但她所傳下來的豐富作品，以及她為人處世的準則，為後世留下的是一個挖掘不完的寶藏，同時在現代文學史上，也應該給予她相當的評價及地位。

---

6 王哲甫：《中國新文學運動史》（台北：遠東圖書公司，1965 年 8 月），頁 234。
7 盛英：《二十世紀中國女性文學史》，頁 237。

謝冰瑩年表暨其生平大事記

年　　份	大　事　記	備　　註
清光緒三十二年（1906）十月二十二日（陽曆）出生	出生於湖南新化縣大同鎮謝鐸山龍潭村。姓謝，原名鳴崗，乳名鳳英，又名彬，字鳳寶。	據謝冰瑩《我的回憶》云：自從丙午年 1906 年九月初五，母親經過三天三夜的苦難生下我……
清光緒三十四年（1908）三歲	以父母之命許配予父親友人之子蕭明	
清宣統二年（1910）五歲	開始識字，父親每年寒暑假自學校歸來，教冰瑩讀詩	
民國二年（1913）八歲	已能背誦《唐詩三百首》、《隨園女弟子詩》	
民國六年（1917）十二歲	以絕食自殺爭取到入讀私塾機會，入讀大同鎮大同女校，將裹腳布付諸一炬，回復大腳；後入讀新化縣立高等女子小學校、教會辦之益陽信義女校	
民國九年（1920）十五歲	開始寫日記，沒有斷過一天	
民國十年（1921）十六歲	於「五九」國恥紀念日，在校內發起遊行，高呼「打倒日本帝國主義」被信義女校開除；夏，跳級考取長沙湖南省立第一女子師範學校（簡稱女師，俗稱稻田師範）	於女師課餘任圖書管理員。《女兵自傳》記云：「我最喜歡看小說，我佩服。《水滸》所描寫的每個英雄好漢，他們那種勇敢俠義的精神，給我後來從軍的許多影響」
民國十一年（1922）十七歲	以閒事筆名，在長沙《大公報》副刊發表第一篇文章、短篇小說〈剎那的印象〉	
民國十三年（1924）十九歲	受教於李清崖（國文老師、法國文學翻譯家）	
民國十四年（1925）二十歲	徐特立任長沙湖南省立第一女師校長	《女兵自傳》裡說：他真是一個了不起的教育家。

民國十五年 （1926）二十一歲	春，二哥承章患肺病，先後在嶽麓山崑濤亭、道鄉祠修養，冰瑩曾言：「我們雖然有五兄妹，但和我最要好的就是二哥」；告假相陪四個多月，在崑濤亭寫〈愛晚亭〉一文。 十一月，瞞著雙親，受二哥鼓勵投筆從戎，以筆名冰瑩於第二次考入武漢中央軍事政治學校（原黃埔軍校）與兩百多名女生入住武昌兩湖書院。接受為期三個月入伍訓練接受嚴格軍事訓練。	入伍訓練期間冰瑩曾說：「因為是中國自從有歷史以來第一次有女兵所以我們的生活特別感覺新鮮有趣」
民國十六年 （1927）二十二歲	春，結識孫伏園先生、林語堂先生（「孫」當時是漢口中央日報主編兼中文副刊主編、「林」則是英文副刊主編） 冰瑩與十九位女同學被選為第一批出發顎西之救護隊，出發前寫一封充滿熱情之〈給女同學的信〉，發表於《革命日報》；三哥承忞另將其發表於自編之長沙《通俗日報》 〈從軍日記〉刊於五月十四日至六月二十二日之漢口中央日報。林語堂先生將每一篇譯成英文發表。 八月十八日冰瑩二哥去世 提出與蕭家解除婚約，被母軟禁，於三次逃奔失敗後，被迫與蕭明成婚，幸未婚夫蕭明深明大義得以成全解除婚約。	冰瑩自言：「出發之後，我還是照常每天寫日記，把當天的所見、所聞和所想的，統統寫在日記裡」執筆時就地而坐，以膝當桌 ── 因為害怕寫的日記再丟了，所以就陸續地寄給孫先生，請他代為保存，不料他居然把每一篇都發表出來。
民國十七年 （1928）二十三歲	春，任衡陽湖南省立第五中學附小國文教師，因受排擠，去職前往上海，居於一間便宜之亭子間；不料竟是綁匪之家，被拖累受捕，幸孫伏園先生來營救，於關押五天被釋放。 秋，以阿英（錢杏邨）之介考入私立上海藝術大學（簡稱上海藝大）中國文學系二年級；結識郁達夫先生。 《從軍日記》由上海「春潮書局」出版。	

民國十八年 （1929）二十四歲	三月，日記體散文《從軍日記》出至十七版。是書出版風行一時，另有英法俄德日韓等文譯本。（並得到 1915 年諾貝爾文學獎得主羅曼羅蘭致函表示敬意與祝賀）	與符號共同生活。
民國十九年 （1930）二十五歲	二月二十七日，教育部以「辦理不合規定」勒令停辦上海藝術大學、新民大學等六校；五月，離上海經天津前往北平，與筆名小鹿之陸晶清（秀珍）輪流主編《民國日報》副刊，認識盧隱（黃英），兩個月後該報停刊；秋，考取北平女子師範大學（簡稱女師大），與陸晶清第一次拜訪周作人，因高爾柏（詠薇）之介，始識柳亞子，視之為父；十月，北方左翼作家聯盟（簡稱北方左聯）成立於北平，參與籌備工作；出版書信集《青年書信》（上海北新書局出版）。	楊纖如之《北方左翼作家聯盟雜誌》記冰瑩此時生活很苦，靠賣文並在私立中學兼課為生，此時愛人符號被捕，又即將臨盆，孩子長到八個月，送回給符號母親收養，孩子取名小號兵，學名符冰，於文化大革命期間被林彪、四人幫迫害致死。
民國二十年 （1931）二十六歲	年初，參加北平新市委籌備處，被開除出黨；九月初，自費留學日本；十八日「瀋陽九一八事變」起，至東京參加「中華留日學生抗日救國會」發起之「追悼東北死難同胞大會」，被驅逐出境，遣送回上海，以賣文維生。	
民國二十一年 （1932）二十七歲	一月，上海「一二八事變」起，日軍強佔閘北，爆發滬戰，加入「上海著作人抗日救國會」，擔任宣傳工作，編輯《婦女之光》週刊，參加抗日救護隊；二月四日，與茅盾、魯迅、葉聖陶、郁達夫、丁玲等四十二人在上海聯名發表「上海文化界告世界書」；四月，出版長篇小說《中學生小說》（《上海中學生書局出版》）；六月，在《文學月報》創刊號發表短篇小說《拋棄》；六月十七日，撰〈關	*散文集『麓山集』末云:「這部東西是結束我過去生活的一頁，也是獻給我死去二哥的紀念」。

	於《麓山集》的話〉於上海；九月，出版短篇小說集《前路》，上海光明書局出版；十月，出版散文集《麓山集》上海光明書局出版；十二月，上海文藝書局出版《現代女作家創作選》收冰瑩之〈給 S 妹的信〉一篇	
民國二十二年（1933）二十八歲	二月，出版長篇小說《青年王國材》上海開華書局出版，為第一次用第三人稱寫之長篇小說；夏，應聘為福建省立廈門中學國文教員；上半年，在閩西龍岩任「閩西善後委員會」科長；中秋前至廈門大學兼代一門文學課；十月十日，在慶祝國慶晚會上與倪鋒合演獨幕劇「姊弟情深」；十一月，當時「中華共和國」人民政府成立於福州，世稱「閩變」，流傳冰瑩在閩參加福建人民政府活動；冬，與方瑋德等人創刊廈門唯一一本文學刊物《燈塔月刊》，因經費不足僅出兩期；同年出版散文集《我的學生生活》、短篇小說集《血流》中國文學家辭典誤作（《血球》）、《偉大的女性》，上海光華書局出版	＊趙傳《現代中國作家列傳》評《青年王國材》曰：「刻劃細膩，描寫生動，惟結構為嫌散漫，實為一般女作家之通病」
民國二十三年（1934）二十九歲	一月，「閩變」失敗，回到上海在申報看到自己的通緝名單，柳亞子勸她回故鄉躲一躲，回到故鄉長沙，應趙家璧之約，埋首撰寫《一個女兵的自傳》。秋，用謝彬之名，第二次留學日本，先至「大黃學社」補習日文，繼入早稻田大學文學研究院，隨本間久雄教授攻讀西洋文學。	
民國二十四年（1935）三十歲	四月，偽「滿洲帝國」傀儡皇帝溥儀訪問日本，因拒絕前去歡迎，在東京為日本偵探拘捕，因囚於目黑驅警察署，關押三個星期，受盡侮辱，幸得柳	

	亞子先生兩次打電報給駐日大使蔣作賓營救，得以釋出；十一月，上海光明書局出版《當代尺牘選註》內收冰瑩〈麓山通信〉一封；同年出版散文集《湖南的風》，由上海北新出書出版列為「創作新刊」之一，民國二十六年再版	
民國二十五年（1936）三十一歲	六月，出版長篇傳記體小說《一個女兵的自傳》上海良友圖書印刷公司出版；十月十九日，魯迅病逝上海，二十四日撰〈紀念魯迅先生〉短文為悼；同年任廣西南寧中學國文教員，編輯《廣西婦女》週刊。	
民國二十六年（1937）三十二歲	三月十九日，母親去世，悲傷過度到南嶽衡山休養；七月，抗戰軍興，毅然辭別病中老父，獨自前往長沙組織「湖南婦女戰地服務團」，自認團長；九月，隨軍奔赴戰場前線，為負傷戰士服務，送行者有孫伏園、陳惟中等人，足跡遍及戰場，戎裝照片上手題「不滅倭寇，誓不生還」八大字，寫有《抗戰日記》；十一月，出版散文集《在火線上》收有〈中秋〉、〈偉大的戰士〉、〈蘇州城的火焰〉等十二篇，民族解放社出版；十二月，上海時代史料保存社出版冰瑩等著之散文集《閘北的血史》；冬，中華大學做題為「前線歸來」公開演講，大受歡迎，並應邀前往重慶為《新民報》編輯副刊《血潮》。	
民國二十七年（1938）三十三歲	一月，在漢口《抗到底》半月刊創刊號發表散文〈憶太昌〉；同月出版散文集《軍中隨筆》收〈不做俘虜的戰士〉、〈戰地情書〉、〈晚間的來客〉等十篇，上海抗戰出版部出版，列為《抗戰小叢書》之一；二月，漢口「生活書店」重印散文集《在	

	火線上〉；春，因看不慣後方生活，獨自去到徐州前線；四月十八日，撰〈新從軍日記序〉，目睹「台兒莊大捷」；夏，隨部隊回到漢口，至長沙為「兒童保育會」募款，為湘雅醫院組織「湘雅戰地服務隊」服務傷兵；七月，出版散文集《新從軍日記》收（〈重上征途〉〈戰地砲聲〉等八十四篇），漢口「天馬書店」出版，同年「戰時出版社」易名為《重上征途》出版；九月，出版與黃維特合著之散文集《第五戰區巡禮》收〈來到了潢川〉〈敵人的秘密〉〈浠水之行〉等二十一篇，桂林「生活書店版」；秋，在重慶接受鼻部手術，割盲腸，主持傷兵招待所	
民國二十八年（1939）三十四歲	二月，在重慶出席「文協」（中華全國文藝界抗敵協會）舉辦之第一次「小說座 說、報告、和通訊文學創作之成績；四月，任「文協」第二屆重慶本埠理事；同年出版小說散文集《重上征途》除散文外收〈戰士底手〉〈俘虜〉等六篇小說，重慶「獨立出版社」出版；在宜昌辦救護人員訓練班	
民國二十九年（1940）三十五歲	二月三十日，與賈達明結婚，一度任職於第五戰區傷兵招待所，之後前往，任新創刊之《黃河月刊》主編，在創刊號發表〈裸體殺敵的戰士〉；十月，在《黃河月刊》第七期發表〈八一三的回憶〉；同年出版報告文學《在日本獄中》（收〈前奏曲〉、〈受刑〉、〈回到祖國的懷抱來了〉等十七篇），上海「遠東圖書公司出版」，三十七年六月再版，另四十二年四月台北「遠東圖書公司」出版	《在日本獄中》是書有英譯本及日本作家魚返善雄之日文譯本

民國三十年 （1941）三十六歲	六月，出版短篇小說集《梅子姑娘》、（收〈梅子姑娘〉〈銀座之夜〉）等八篇，西安「新中國文化出版社」出版；八月，出版散文集《冰瑩抗戰文選集》（收〈抗戰期中的婦女問題〉、〈葉綠之夜〉、〈野戰醫院〉等三十二篇）西安「建國出版社版」；同年出版散文集《寫給青年作家的信》（收〈一個青年作家的夢〉、〈日記語文學〉、〈承繼遺產〉等二十九篇，西安「大東書局出版」）
民國三十一年 （1942）三十七歲	十月四日，冰瑩父親病逝家鄉，與母親合塚下葬；十二月，出版長篇小說《姊姊》（西安「建國編譯社」版）
民國三十二年 （1943）三十八歲	六月，出版短篇小說集《冰瑩近作自選集》（收〈兩個小鬼〉、〈一個殉難者的妻〉等七篇，湖南「藍田書報合作社」出版）；夏，《黃河月刊》停刊；秋，任教成都製格學校；十二月，重慶「文風書局」出版魯莽（許度地）著之散文集《北國行》由冰瑩撰序；冬，由成都回鄉祭掃父母墓，途中在金城江遭竊，偷去的小箱子內有父親之相片、文稿、日記和自己之日記；戰時出版《給小朋友們》（「北新書局」出版）、《從西北到西南》（重慶「耕耘出版社」出版）
民國三十四年 （1945）四十歲	四月，耕耘出版社出版《女作家自傳選集》，內收自傳九篇，其一為謝冰瑩之〈平凡的半生〉；八月，抗戰勝利；十一月，任「中蘇出版社」之《中蘇月刊》主編；十二月十八日，由成都至漢口，任《和平日報》（原《掃盪報》）、《中華日報》副刊主編（已再婚多年之符號任《和平日報》編輯主任）；創辦幼幼托兒所

民國三十五年 （1946）四十一歲	春，攜兒子賈文輝、賈文湘隨丈夫賈達明回山東婆家省親；四月，出版《女兵自傳》中卷《女兵十年》（內分十章，在漢口出版自刊本）；六月，出版散文集《生日》（收〈狂歡之夜〉、〈舊地重遊〉、〈我是怎樣寫女兵自傳的〉等二十四篇），上海「北新書局」版，列為「創作新刊」之一；冬，一家由漢口遷居北平，任教北平師範大學（今北京師範大學），開有「新文藝習作等課」；兼華北文化學院教授，主編《文藝生活月刊》及《中華日報》副刊；計劃續寫《女兵自傳》下卷；同年出版小說、散文集《冰瑩創作選》「上海新象書局出版」，中篇小說《女叛徒》（國際書局）出版	《女兵自傳》同年八月「重慶紅藍出版社北平分社」再版，另三十六年一月「北新書局出版」
民國三十六年 （1947）四十二歲	二月，出版《謝冰瑩佳作選》（收短篇小說〈拋棄〉、〈給 S 妹底信〉）兩篇「新象書局出版」；七月十四日，大哥承邕去世；十月，上海「晨光出版公司」出版趙清閣主編現代中國女作家小說專集《無題集》，內收有冰瑩之日記體中篇小說〈離婚〉一篇；同年出版日記體中篇小說《離婚》（上海「光明書局出版」）	七十八年十二月《無題集》重印，改以陸小曼之篇名《黃家飯店》作為書名
民國三十七年 （1948）四十三歲	三月五日，《黃河月刊》在西安復刊，仍任主編，在復刊第一期發表短篇小說〈感情的野馬〉；四月，在《黃河月刊》第二期發表散文〈第一根白髮〉；夏，得中央製片場導演徐昂千鼓勵，嘗試寫電影腳本〈踩出來的路〉，是年在台北《中央日報》副刊發表；八月，《黃河月刊》再度停刊，共出四十二期；九月，應台灣省立師範學院（國立師範大學前身）國文系主任高鴻縉之聘任教；十月二十六	《女兵自傳》於四十五年台北「力行書局」印修訂版，六十九年台北「東大圖書」印行再定版，另有七十四年成都「四川文藝出版社」版，《一個女性的自由》（日文，日本東京「岩波書局」出版）

	日帶莉兒乘「中興號」抵達基隆，在師大開「國文、文學批評、新文藝習作課」；同年出版《女兵自傳》（將《一個女兵的自傳》、《女兵十年》重加改定合成一冊），台北「晨光出版公司」出版）	
民國三十八年（1949）四十四歲	一月，子賈文輝、文湘隨友人關煥文來到台灣，稍後賈達明乘最後一班飛機亦輾轉來台；二月，上海「萬象圖書館」出版平衡編之真跡影印《作家書簡》，內收冰瑩致趙景深書簡一通；春，與豐子愷重逢於台北「中山堂」	
民國三十九年（1950）四十五歲	五月四日，「中國文藝協會」（簡稱「中國文協」）成立於台北，任第一屆理事，後連任二、三屆理事	
民國四十年（1951）四十六歲	三月，「中國文藝協會」開辦第一期小說研習班，為期六個月，任講員；同年在「中國文藝協會」舉辦之「文藝講座」主講「小說的取材」	
民國四十一年（1952）四十七歲	八月四日，與陳紀瀅等十餘人參加由「中國文藝協會」在「自由中國之聲」舉行之「揭穿共匪文藝整風運動的陰謀」文藝廣播座談會，座談會由張道藩主持	
民國四十二年（1953）四十八歲	四月，任「中國文藝協會」第二期小說研習頒講員；八月，應「中國文藝協會」之邀在台北女師禮堂作題為「怎樣寫小說」公開演講；十二月，海洋出版社出版張漱涵編之短篇小說集《海燕集》內收冰瑩〈煙囱〉一篇	
民國四十三年（1954）四十九歲	二月，出版短篇小說集《聖潔的靈魂》（香港亞洲出版社版）；四月，出版散文集《愛晚亭》（台北三民書局出版）；同年出版長篇小說《紅豆》（台北虹橋書店出版，六十五年台灣時代書局重印）	

民國四十四年（1955）五十歲	一月，出版《冰瑩遊記》（台北勝利出版公司出版，另有四十五年台北上海書局出版）；八月十一日，撰〈綠窗寄語序〉；同年出版短篇小說集《霧》（台南大方書局出版）、傳記《我的少年時代》、兒童文學《愛的故事》、《動物的故事》、《太子歷險記》（以上台北正中書局出版）、書信體散文集《綠窗寄語》」（台北力行書局出版，另有六十年十一月「三民書局」出版，七十七年五月印行五版）；台北《暢流半月刊社》編印《暢流短篇小說選集》內收冰瑩〈愛與恨〉一篇	
民國四十五年（1956）五十一歲	春，獲齊如山（宗康）題詩相贈；四月十七日，隨迎接僑生回國之軍艦遊歷菲律賓馬尼拉；十二月，台北書局出版蕭銅（生鑑忠）主編之《六十名家小說選集》，內收冰瑩〈慈母淚〉一篇；同年皈依三寶，拜慈航老法師為師，法名慈瑩，自號慈瑩居士；出版散文集《菲島遊記》、長篇小說《碧瑤之戀》「以上台北力行書局出版」	齊如山贈冰瑩詩云：「做飯洗碗掃房間，舖床疊被洗衣衫，寫文改課教兒童，弔賀迎送兼聚餐，慰問訪問又探病，講演開會還上班，諸事日有一百件，學校還將功課擔，事事摒擋都井井，寫的文章堆如山，這樣寫作三十載，勝我一百二十年。」
民國四十六年（1957）五十二歲	秋，應馬來西亞霹靂太平僑校華聯中學之聘，前往任教，擔任中文組主任；十一月，.台北復興書局出版「中國青年寫作協會」《小說創作集》下冊，內收冰瑩〈霧〉一篇；同年出版散文集《故鄉》（台北力行書局出版）	
民國四十八年（1959）五十四歲	十二月，台北新陸書局出版魚之良編之短篇小說集《自由中國名家創作集》內收冰瑩〈文竹〉一篇	
民國四十九年（1960）五十五歲	十一月，佛教文化服務處出版朱橋（家駿）編之《佛教小說選集》內收冰瑩〈永恆的有情〉一篇；同年自馬來西亞返台，回台灣師範大學任教	

民國五十年 （1961）五十六歲	二月，隨中國青年寫作協會文友訪問金門；五月，隨中國婦女寫作協會復訪問澎湖；九月十七日，與蘇雪林至中央研究院拜訪胡適（適之）院長；同年出版《馬來亞遊記》、《我怎樣寫作》（以上台北力行書局出版）
民國五十一年 （1962）五十七歲	二月，訪問馬祖；暑假，與蘇雪林、孫多慈（韻君）同遊日月潭，並小住一時期
民國五十二年 （1963）五十八歲	夏，應邀前往菲律賓首都馬尼拉，為僑團之文藝研習班講課；十月，明光出版社出版「中國文藝協會台中分會」編之《中國作家小說選》第一輯，內收冰瑩〈文竹〉一篇；同年應國語日報社之約，與林海音等九人參與《世界兒童文學名著》之譯寫工作，出版十本動物故事書，其一為冰瑩之《小獅子的幻想》（於七十二年再版）；又出版中、短篇小說集《空谷幽蘭》（台北廣文書局出版）、書信集《給小讀者》（台北蘭開書局出版，另廣文書局出版，列為《「兒童叢書之一」）、兒童文學《仁慈的鹿王》（台中慈明月刊社出版）
民國五十三年 （1964）五十九歲	一月十二日，王平陵病逝台北，十八日，在中華日報發表〈王平陵先生之死〉一文為悼（收入《作家印象記》改題為〈王平陵〉）；同年出版兒童文學《南京與北平》（台北華國出版社出版）、論文集《文學欣賞》（三民書局出版）
民國五十四年 （1965）六十歲	五月，與蓉子（王蓉芷）、琦君（潘希貞）應漢城《女苑雜誌社》之邀，代表中國婦女寫作協會訪問南韓；同月該社出版權熙哲譯之《中國之女流》韓譯本，內收冰瑩、林海音、琦君、等二十人之作品各一篇

民國五十五年 （1966）六十一歲	五月，中國文藝協會編印《國父百年誕辰紀念文藝創作獎》第三集《小說部》內收冰瑩〈翠谷常春〉一篇；九月，出版與李鍌、劉正浩、邱燮友編之《新譯四書讀本》（三民書局出版，五十六年五月印行修訂出版，題注譯：謝冰瑩、李鍌、劉正浩、賴炎元、陳滿銘）；十二月二十六日，撰〈作家印象記前言〉於師大；同年出版通俗小說《秦良玉》（正中書局出版）、兒童文學《小冬流浪記》（國語日報社出版）、《林琳》（台灣省教育廳出版，列為《中華兒童叢書之一》）
民國五十六年 （1967）六十二歲	一月，出版傳記《作家印象記》（三民書局出版，六十七年十二月印行四版）；四月，義士出版社出版「中國文藝協會台中分會」編之《中國作家小說選》內收冰瑩〈文竹〉一篇；十一月，出版散文集《我的回憶》（收〈平凡的半生〉、〈母親教我作文〉等五十七篇，附錄謝贊燊之〈鵠磯憶語〉一篇，三民書局出版，列為「三民文庫」二十三，七十八年五月印行五版，另有香港志明出版社出版）、《夢裡的微笑》（台中光啟出版社出版）
民國五十七年 （1968）六十三歲	出版遊記《海天漫遊》（三民書局版）、短篇小說集《在烽火中》（中華文化復興出版社版）；同年一遊美國；香港文學研究社出版《中國新文學大系續編第六集》（散文二集），內收冰瑩〈我認識的亞子先生〉、〈李媽〉、〈獨秀峰－桂林遊記之一〉三篇
民國五十八年 （1969）六十四歲	出版兒童文學《善光公主》（慈航雜誌社出版）

民國五十九年 （1970）六十五歲	七月，隨團長陳紀瀅率領之「中國代表團」前往南韓首都漢城，參加「國際筆會」第三十七屆年會	
民國六十年 （1971）六十六歲	一月十九日，林如斯在台北自殺身亡；六月，在傳記文學》第十八卷第六期發表〈悼念如斯〉一文；八月，乘復旦輪與夫賈達明前往美國探親，二十六日，在船上撰〈綠窗寄語序二〉，二十七日，續撰〈生命的光輝序〉，下旬，不慎在甲板上跌斷右腿，在美接受手術，出院後留美療傷遂自師大退休；十月，正中書局為慶祝中華民國六十年，特編選《六十年小說選》一書（共三集），內收冰瑩〈霧〉、〈姊妹〉兩篇；十二月，出版散文集《生命的光輝》（收〈國慶的懷念〉、〈可愛的農曆年〉等三十一篇，三民書局出版，列為「三民文庫」一四四，八十二年十月印行三版）；同年三民書局出版謝冰瑩譯之《新譯古文觀止》（六十六年再版）	在美接受手術治療腿傷時，醫生以一截不銹鋼代替已粉碎之大腿骨，為此經常發燒疼痛，走路必須扶著特製之不銹鋼四腳枴杖。
民國六十一年 （1972）六十七歲	二月，在《傳記文學》發表〈追念高鴻縉先生〉一文	
民國六十二年 （1973）六十八歲	回台治理足疾	
民國六十三年 （1974）六十九歲	二月十五日，撰〈送雪林告別杏壇〉一文；九月九日，為慶祝林語堂先生八十壽辰，撰寫〈遙遠的祝福〉一文；同年出版散文集《舊金山的霧》（三民書局出版，列為「三民文庫」一八九）；與夫賈達明定居美國舊金山	旅美期間，除讀書寫作外，兼以作畫自遣，喜畫梅、蘭、竹、菊「四君子，」與舒曼霞、繁露、陳雪英人稱「四君子」，嘗在僑報副刊闢「賈奶奶信箱」之不定期專欄，為青年解答有關文學創作問題
民國六十四年 （1975）七十歲	出版《冰瑩書束》（台北力行書局出版）	
民國六十五年 （1976）七十一歲	三月二十六日，撰〈悼念仁慈的蔣公〉一文（後收入《冰瑩懷舊》）；同年「中央電影製片	

	場」將《女兵自傳》搬上螢幕，改名為「女兵日記」由林青霞主演；同年三哥承宓病逝長沙；中國大陸結束十年文革，與大陸親人及文友陸晶清、趙清閣取得聯繫	
民國六十七年（1978）七十三歲	一月，於《傳記文學》第三十二卷第一期發表冰瑩之〈憶林語堂先生〉書面意見（是期「每月人物專題座談會專欄」之「十二月號專題人物：林語堂續完」；暑假自美返台一行；九月十九日，至慈湖謁陵；十月十四日，撰〈慈湖謁陵記〉（收入《冰瑩懷舊》）；香港文學研究社出版《謝冰瑩選集》（列為《中國現代文選叢書》之一）；留台期間，參加軍校六期同學之理監事聯誼會和聚餐會	〈憶林語堂先生〉一文中特別提到：「說句真心話，我是幸運的，這輩子我交了四個忘年的朋友，順著秩（次）序算來，第一、二位是孫伏園和林語堂兩位先生，第三位是柳亞子先生，第四位是馬星樵（馬超俊字星樵）先生的夫人沈慧蓮女士，他們都特別愛護我、關懷我，把我當作是自己家裡的子弟一般看待。」
民國六十九年（1980）七十五歲	五月，出版《謝冰瑩自選集》（台北黎明文化事業股份有限公司出版）；十月，東大圖書公司出版《女兵自傳》；同年出版兒童文學《舊金山四寶》（「國語日報社出版」另有「東大圖書公司出版」）	
民國七十年（1981）七十六歲	三月二十九日，於青年節撰〈抗戰日記〉新序；六月，出版散文集《抗戰日記》（《新從軍日記》改訂本，東大圖書公司出版，列為滄海叢刊之一，七十七年十一月再版）；十月十日，撰〈給青年朋友的信〉新序；十二月，出版《給青年朋友的信》（上、下）（東大圖書公司出版，列為滄海叢刊之一）	
民國七十一年（1982）	八月，出版《謝冰瑩散文集》（李德安編，台北金文圖書公司出版，列為「金文叢書」一一五）；同年出版小說、散文集《新生》（台灣北投普濟寺出版）	
民國七十二年（1983）七十八歲	一月二十二日，撰〈紅樓瑣憶〉一文；五月，香港山邊社出版	

	《謝冰瑩散文選》（何紫（松柏）編，內收〈偉大的母親〉、〈流星〉等二十二篇，列為「名作選讀」之一）；同年出版《中國文化基本教材》（台北三民書局出版）	
民國七十三年（1984）七十九歲	三月十二日，於青年節撰〈我在日本〉自序；五月四日，於文藝節以小說創作獲「中國文藝協會」第二十五屆「中國文藝榮譽獎章」；九月，出版《我在日本》（台北東大圖書公司出版，列為「滄海叢刊」之一）	同時獲「中國文藝榮譽獎章」有蘇雪林（散文創作）、黃君璧（國畫）、郎靜山（藝術攝影）等九人
民國七十四年（1985）八十歲	二月十日，撰〈先父謝玉芝先生傳記〉（後收入《冰瑩懷舊》）；九月，長沙湖南人民出版社出版《謝冰瑩作品選》	
民國七十五年（1986）八十一歲	五月，上海文藝出版社出版《中國新文學大系 1927-1937 第十集散文集》內收冰瑩〈獻給失掉了自由的鐵〉一篇；六月，在《傳記文學》第四十八卷第六期發表〈響應寫信記年運動〉（書簡）；十二月十二日，撰〈冰瑩書簡再版序〉於三潘市潛齋	〈響應寫信記年運動〉（書簡）於信中提到：「只因眼睛有病，不能多看、多寫否則就會刺痛、流淚，因此我很痛苦，已兩年多不寫文章了」但仍勤寫日記樂此不疲。
民國七十六年（1987）八十二歲	二月，《冰瑩書簡》由台北東大圖書公司再版（列為「滄海叢刊」之一，七十八年一月印行第二版）	
民國七十七年（1988）八十三歲	七月，賈達明因心臟病猝發病逝於舊金山，年八十四歲（1905-1988）	
民國七十九年（1990）八十五歲	十一月，返台探親，獲當時中國國民黨主席李登輝先生授與之「實踐獎章」、證書，由中央文化工作委員會（簡稱文工會）副主任鄭貞銘代表頒授；當月由王藍、邱七七、邱秀芷等人陪同，至台南成功大學探視好友蘇雪林；返北時順道訪問鳳山中央陸軍軍官學校，拜訪校長胡中將，胡校長特別翻出冰瑩在黃埔軍校武漢分校第六期	

	女生隊之畢業證書，影印一份相贈，離去時冰瑩激動地說：「如果讓我重活一次，我還是要當一個女兵」；十二月，上海文藝出版社出版《中國新文學大系 1937-1949 第三集短篇小說卷》內收冰瑩〈梅子姑娘〉一篇，《第十一集散文卷二》內收冰瑩〈拉風箱〉、〈生日〉、〈珞珈之遊〉三篇	
民國八十年（1991）八十六歲	五月，出版《作家與作品》、《冰瑩書信》、《冰瑩遊記》、《冰瑩憶往》、《冰瑩懷舊》（以上三民書局出版，分別列為「三民叢刊」二十六、二十七、二十八、二十九、三十）	《冰瑩憶往》有云：「文如其人」這句話。冰瑩說：「我為人處世只有三個字：直、真、誠」，寫文章也是如此。
民國八十三年（1994）八十九歲	三月七日，「美國華文文藝協會」成立於舊金山，被舉為名譽會長；六月，應聘為舊金山「中美文化交流協會」二屆理事會顧問	
民國八十四年（1995），九十歲	七月，北京「中國廣播電視出版社」出版連雲飛等人編之《二十世紀中國女作家散文精品》上卷內收冰瑩〈愛晚亭〉、〈望斷天涯兒不歸〉、〈寄自嘉魚〉等九篇；八月，成都「成都出版社」出版夏風揚編之《中國名家經典美文百選》一書，內收冰瑩〈愛晚亭〉一篇；十月，四君子中之舒曼霞賦七絕一首為壽，詩云：「良辰愉悅晚霞明，九十壽觴老壽星；著作等身才倚馬，女兵自傳永留名。」	
民國八十六年（1997）九十二歲	三月，三民書局初版《新譯古文觀止（革新版）》（列為「古籍今注新譯叢書」之一，九十年四月初版四刷）	
民國八十八年（1999）九十四歲	六月，青島「青島出版社」出版張夢井等編譯文《中國名家散文精譯》內收冰瑩〈愛晚亭〉一篇（英譯篇名為 The Aiwan Pavilion）；八月，合肥「安徽文	

	藝出版社」出版艾以、曹度主編之《謝冰瑩文集》上中下三冊（上冊收自傳體文學包括《女兵自傳》、《從軍日記》、《在日本獄中》、《抗戰日記》），（中冊收憶往、記遊文章包括《冰瑩憶往》、《文壇懷舊》、《域內外記遊》），（下冊收小說、散文包括短篇小說〈拋棄〉、〈清算〉等十一篇，散文〈女苦力〉、〈有趣的離婚〉等六十八篇）；十月，北京「華文出版社」出版「中國現代文學館」編之《中國現代文學百家：謝冰瑩代表作》（內分散文收《從軍日記》、《一個女兵的自傳》等三十二篇）、小說收〈給S妹的信〉、〈拋棄〉、〈梅子姑娘〉三篇兩部分，列為自強文庫之一）	
民國八十九年（2000）九十五歲	一月五日，因病在舊金山去世，年九十五歲	遺願將骨灰灑在太平洋，讓海水將骨灰漂回家鄉去。

1

1　此表資料參考關國煊：〈民國人物小傳〉，台北：《傳記文學》第八十二卷第三期（2003 年 3 月），頁 140-152。

參考文獻

　　本論文參考文獻包含主要引述資料，與對本書有啟發之參考資料。分為專書、單篇論文和學位論文三類；其中專書分為：謝冰瑩作品、謝冰瑩研究專著、其他三種；單篇論文分為：台灣與大陸謝冰瑩研究專篇、其他三種。

一、專　書

　　（一）

謝冰瑩《故鄉》台北　力行書局 1963 年 12 月再版

謝冰瑩《夢裡的微笑》台北　光啟出版社 1967 年 5 月初版

謝冰瑩《作家印象記》台北　三民書局 1978 年 12 月 4 版

謝冰瑩《謝冰瑩自選集》台北　黎明文化公司 1980 年 5 月初版

謝冰瑩《舊金山的霧》台北　三民書局 1982 年 1 月再版

謝冰瑩《謝冰瑩散文集》台北　金文圖書公司 1982 年 7 月初版

謝冰瑩《我在日本》台北　東大圖書 1984 年 9 月初版

謝冰瑩《給青年朋友的信〈下〉》台北　東大圖書 1986 年 6 月再版

謝冰瑩《愛晚亭》台北　三民書局 1988 年 1 月 15 版

謝冰瑩《綠窗寄語》台北　三民書局 1988 年 5 月 5 版

謝冰瑩《抗戰日記》台北　東大圖書 1988 年 11 月再版

謝冰瑩《冰瑩書束》台北　東大圖書 1989 年 1 月再版

謝冰瑩《我的回憶》台北　三民書局 1989 年 5 月 5 版

謝冰瑩《冰瑩書信》台北　三民書局 1991 年 5 月初版

謝冰瑩《冰瑩遊記》台北　三民書局 1991 年 5 月初版

謝冰瑩《冰瑩憶往》台北　三民書局 1991 年 5 月初版

謝冰瑩《冰瑩懷舊》台北　三民書局 1991 年 5 月初版

謝冰瑩《作家作品》台北　三民書局 1991 年 5 月初版

謝冰瑩《給青年朋友的信〈上〉》台北　東大圖書 1992 年 8 月再版

謝冰瑩《女兵自傳》台北　東大圖書 1992 年 9 月 3 版

謝冰瑩《生命的光輝》台北　三民書局 1993 年 10 月 3 版

艾以、曹度編《謝冰瑩文集上、中、下》安徽　安徽文藝出版社 1999 年 8 月

　　　（二）

李夫澤著《從「女兵」到教授 —— 謝冰瑩傳》湖南　湖南人民出版社 2004 年 5 月

　　　（三）

張效乾著《近代中國史》台北　華夏文化出版社 1960 年 9 月

王哲甫《中國新文學運動史》台北　遠東圖書公司 1965 年 8 月

張益弘著《中國近代歷史分析》　台北　幼獅文化 1971 年 7 月

司馬長風著《中國新文學史》台北　長歌出版社 1973 年 3 月

王逢吉著《文學創作與欣賞》台中　青山出版社 1973 年 9 月再版

王夢鷗著《文藝美學》台北　遠行出版社 1976 年 5 月再版

周錦著《中國新文學史》台北　駱駝出版社 1976 年 8 月

胡適等著《胡適與中西文化》台北　牧童出版社 1977 年 9 月

陳敬之著《現代文學早期的女作家》台北　成文出版社 1980 年 6 月

王志健著《文學論》台北　正中書局 1984 年 8 月 8 版

傅德岷著《散文藝術論》四川　重慶出版社 1988 年 2 月

王師更生注譯《文心雕龍讀本》梁劉勰著　　台北　文史哲出版社
　1991 年 9 月初版 4 刷

鄭明娳《現代散文構成論》台北　大安出版社 1991 年 11 月 2 版

唐弢主編《中國現代文學史》　北京　人民文學出版社　1992 年 5
　月 7 刷

唐弢主編《中國現代文學史簡編》北京　人民文學出版社 1992 年
　5 月 11 刷

鄭明娳《現代散文欣賞》台北　東大圖書股份有限公司　1992 年
　10 月 4 版

周策縱著《五四運動史》台北　桂冠圖書 1993 年 1 月 2 刷

王瑤著《中國新文學史稿》　上海文藝出版社　1993 年 4 月 6 刷

盛英主編《二十世紀中國女性文學史》天津　天津人民出版社
　1995 年 6 月

李雲漢著《中國近代史》台北　三民書局　1995 年 8 月 6 版

姜岱東著《文學風格概論》山東教育出版社　1996 年 3 月

胡適、周作人著《論中國近世文學》海南出版社　1996 年 8 月初
　版 2 刷

李侃等著《中國近代史》北京　中華書局　1999 年 4 版

盛英著《中國女性文學新探》北京　中國文聯出版社　1999 年 9 月

劉增杰等著《中國現代文學思潮研究》河南大學出版社　2000 年
　3 月初版 4 刷

朱光潛著《談文學》上海　上海文藝出版社 2001 年 1 月 1 版

鄭明娳《現代散文類型論》台北　大安出版社 2001 年 2 月 5 刷

祝旭東編著《中國近現代史新視角》浙江　杭州浙江大學出版社

2002 年 12 月

黃永武著《字句鍛鍊法》台北　臺灣商務印書館股份有限公司
2004 年 4 月 2 版 3 刷

段昌國等著《現代化與近代中國的變遷》台北　國立空中大學
2004 年 12 月初版 7 刷

二、單篇論文

（一）台　灣

梁雲波〈讀謝冰瑩《愛晚亭》〉《聯合報》1954 年 6 月 1 日 6 版

歸人〈讀謝冰瑩《綠窗寄語》〉《聯合報》1955 年 11 月 22 日 6 版

蘇雪林〈謝冰瑩與她的《女兵自傳》〉《聯合報》1955 年 12 月 1
日 6 版

方強原〈文壇鬥士謝冰瑩〉《中國一周》第 329 期 1956 年 8 月蘇
雪林〈謝冰瑩與她的《女兵自傳》讀與寫〉臺中　光啟出版社
1959 年 5 月

蘇雪林〈謝冰瑩《我怎樣寫作》簡介〉《中國時報》1961 年 12 月
5 日 7 版

綠蒂〈長青不老的愛國文學家--謝冰瑩〉《野風》第 177 期 1963
年 8 月 1 日

蕭傳文〈《馬來亞遊記》讀後〉《文壇》第 56 期 1965 年 2 月

蕭英〈冰瑩女士《女兵自傳》的精神〉《中興評論》第 12 卷第 8
期 1968 年 8 月

李德安〈訪名作家謝冰瑩先生　訪問學林風雲人物〉臺北　大明王
氏出版公司　1970 年 11 月

程榕寧〈謝冰瑩從事古書新譯〉《大華晚報》1971 年 6 月 14 日 6
版

宋晶宜〈名作家謝冰瑩退而不休〉《大華晚報》1973 年 11 月 24 日 8 版

柴扉〈《女兵自傳》讀後〉《青溪》第 94 期 1975 年 4 月

王少雄〈評謝冰瑩的《愛晚亭》〉《新知識雜誌》第 110 期 1976 年 10 月

夏祖麗〈謝冰瑩訪問記 ── 不老的女兵　握筆的人〉臺北　純文學出版社　1977 年 12 月

季季〈當代八位女作家：林海音、孟瑤、徐鐘珮、張秀亞、琦君、謝冰瑩、羅蘭、蘇雪林〉《文藝月刊》第 105 期 1978 年 3 月

秦嶽〈女兵迴響曲─作家謝冰瑩訪問記〉《明道文藝》1979 年 1 月

司徒衛〈謝冰瑩的《聖潔的靈魂》〉五十年代文學論評　臺北　成文出版社　1979 年 7 月

司徒衛〈謝冰瑩的《紅豆》〉五十年代文學論評　臺北　成文出版社　1979 年 7 月

謝冰瑩〈憶柳亞子先生〉《傳記文學》第三十六卷第三期　1980 年 3 月

宋晶宜〈舊金山夜訪謝冰瑩　總是翰墨香〉臺北　文化大學出版部 1981 年 1 月

馮馮〈光明的火炬 ── 《謝冰瑩自選集》讀後感〉《青年戰士報》1981 年 3 月 6 日 11 版

蘇雪林〈鐵的生活‧火的情感：讀謝冰瑩《抗戰日記》〉《中央日報》1981 年 11 月 16 日 10 版

蘇雪林〈謝冰瑩與她的《女兵自傳》現代文學論（聯副 30 年文學大系‧評論卷）〉臺北　聯經出版公司　1981 年 12 月

黃武忠〈訪文壇老兵謝冰瑩　文藝的滋味〉臺北　自立晚報文化出

版部　1983 年 11 月

黃章明〈永遠的女兵謝冰瑩〉《文訊月刊》第 5 期　1983 年 11 月

柴扉〈謝冰瑩先生的著作與生平〉《文訊月刊》第 18 期　1985 年
　6 月

黃麗貞〈她塑出「女權運動者」造型〉《中央日報》1988 年 3 月 8
　日 19 版

游淑靜〈不出世之奇女子　謝冰瑩與女兵自傳〉《出版之友》第 45
　期　1988 年 10 月

弘農〈息影金山的謝冰瑩〉《中央日報》1990 年 10 月 31 日 16 版

曹怡〈文藝女兵埋首整理日記〉《中華日報》1990 年 10 月 10 日
　14 版

姚儀敏〈歸人‧過客 ── 「永遠的女兵」謝冰瑩回國訪問記〉《中
　央月刊》民國 1991 年 1 月

倪墨炎〈謝冰瑩的坐牢自傳〉《現代文壇散記》上海　上海三聯書
　店 1992 年穆欣〈謝冰瑩走過一條曲折的道路〉《臺灣新聞報》
　1993 年 8 月 12 日 14 版

姜穆〈謝冰瑩被共黨開除〉《三十年代作家臉譜》台北　九歌出版
　社　1994 年 4 月

魏彥才〈文章憎命達 ── 記謝冰瑩大姐〉《世界論壇報》1995 年 1
　月 27 日 9 版

劉維〈謝冰瑩創作的風格特色：女的超越、兵的豪壯〉《中央日報》
　1995 年 4 月 12 日 19 版

糜文開〈謝冰瑩的《綠窗寄語》文開隨筆續編〉臺北　東大圖書
　公司 1995 年 10 月

張放〈謝冰瑩的寂寞〉《中央日報》1995 年 12 月 4 日 18 版

弘農〈謝冰瑩念念要回臺北老家〉《中央日報》1996 年 10 月　20

日 18 版

荻宜〈永遠的女兵「謝冰瑩」風範 —— 文壇前輩素描〉臺北　正中
　　書局　1996 年 10 月

陳碧月〈從謝冰瑩《離婚》看婦女解放〉小說選讀　臺北　五南圖
　　書出版公司　1999 年 4 月

秦嶽〈衝破陰霾見月明—評介謝冰瑩的《女兵自傳》〉書香處處聞
　　臺中　臺中市立文化中心　1999 年 6 月

李瑞〈文學女兵謝冰瑩逝世舊金山〉《中國時報》2000 年 1 月 8
　　日 11 版

賴索玲〈謝冰瑩文壇女兵終凋零〉《民生報》2000 年 1 月 8 日 6
　　版

李瑞騰〈不凋零的文字勳章〉《聯合報》2000 年 1 月 10 日 41 版

弘農　〈海外喜逢一女兵 —— 懷念謝冰瑩〉《中央日報》2000 年 1
　　月 30 日 18 版

喻麗清〈風浪中來，遺忘中去 —— 敬悼謝冰瑩老師〉《文訊月刊》
　　2000 年 2 月

黃玉蘭〈緬懷冬陽 —— 謝冰瑩〈小冬流浪記〉簡介《國文天地》
　　第 177 期　民國 2000 年 2 月

明道文藝輯〈謝冰瑩教授與明道文藝之緣〉《明道文藝》第 287
　　期 2000 年 2 月

釋廣元〈悼念謝冰瑩教授〉簡介《普門》　2000 年 3 月

柴扉〈女兵不死，精神常在 —— 敬悼謝冰瑩先生〉《文訊月刊》第
　　173 期　2000 年 3 月

耕雨〈謝冰瑩曾加入北平左聯〉《臺灣新聞報》2000 年 4 月 30 日
　　B7 版

林海音〈女兵在舊金山　剪影話文壇〉臺北　遊目族文化公司　2000

年 5 月

李翔〈感恩的回溯 ── 敬悼謝冰瑩老師〉《中國語文》 2000 年 8
月

閻純德〈謝鐸山之春 ── 謝冰瑩家鄉行〉《聯合報》 2000 年 12
月 21 日 37 版

楊弘農〈謝冰瑩傳〉《國史館館刊》復刊第 32 期 2002 年 6 月

蕭關鴻〈一個女兵的自傳「謝冰瑩」百年追問〉臺北《聯合文學
出版社》2002 年 9 月

關國煊〈謝冰瑩（1906-2000）〉《傳記文學》第八十二卷第三期 2003
年 3 月

嚴農〈謝冰瑩的三次婚姻〉《歷史月刊》 2003 年 12 月

　　（二）大　陸

楊毅 〈謝冰瑩（1906～）〉中國小說史（二）北京 人民文學出
版社 1988 年 10 月

李子慧〈論謝冰瑩的創作個性〉《中國文學研究》1994 年第 4 期

唐潮〈女兵作家謝冰瑩〉《海內與海外‧名墨列傳》1995 年第 5
期

孟華玲〈謝冰瑩訪問記〉北京《新文學史料》1995 年第 4 期

孫育群《女兵自傳》的精神風采與藝術魅力《蘇州大學學報（哲
學社會科學版）》1995 年 11 月第 3 期

脩隆恩〈「女兵」作家論謝冰瑩及其散文創作〉《齊魯學刊》1996
年第 2 期

馬殿超‧陸文采〈艱難的跋涉女兵的心聲 ── 論謝冰瑩的小說《一
個女兵的自傳》〉《遼寧稅專學報》1997 年第 2 期（總第 17 期）

以鋼〈論謝冰瑩及其「女兵文學」〉《河南教育學院學報‧哲學社
會科學報》1997 年第 1 期

蔣明玳〈一個女兵的心靈之路 ── 論謝冰瑩創作簡論〉《南京廣播電視大學學報》1999 年第 3 期

李夫澤〈崇高美的藝術追求 ── 論謝冰瑩的散文創作〉《求索》1999 年第 6 期

朱堯耿〈俏也不爭春只有香如故 ── 謝冰瑩創作漫評〉《世界華文文學論壇》1999 年第 1 期

閻純德〈謝冰瑩：永遠的「女兵」二十世紀中國女作家研究〉北京　北京語言文化大學出版社　2000 年 1 月

李夫澤〈論謝冰瑩前期散文的特色〉《CHINESE　CULTURE RESEARCH》2001 年 2 期

繆啟昆〈被歷史塵封了的時代 ── 論謝冰瑩的戰地創作及其他〉《聯大學報》2002 年第 1 期

李夫澤〈論謝冰瑩的《從軍日記》〉《作家作品研究‧理論與創作》2001 年第 2 期

李夫澤〈從「女人」到「人」的覺醒 ── 論謝冰瑩的女性意識〉《山東社會科學》2002 年第 5 期

王榮國〈評謝冰瑩的《女兵自傳》── 為自由而歌〉《徐州師範大學學報（哲學社會科學版）》2002 年 9 月第 28 卷第 3 期

李夫澤〈論謝冰瑩創作啟示錄〉《臨沂師範學院學報》2003 年第 25 卷第 2 期

宇劍〈富有成效的全方位、多批評形態的「謝冰瑩研究」〉《婁底師專學報》2002 年 1 月

黎躍進〈謝冰瑩與外國文學〉《湖南大學學報（社會科學版）》2002 年 11 月第 16 卷第 6 期

徐小玉〈《從軍日記》、汪德耀、羅曼‧羅蘭〉《作家與作品》

呂漢東〈人‧風格‧價值 ── 評李夫澤先生的謝冰瑩研究〉《婁底

師專學報》2003 年 1 月第 1 期

李夫澤〈論謝冰瑩的《女兵文學》〉《湖南社會科學・文教.歷史》
　　2003 年第 1 期

李夫澤〈一個「女兵」的消沉：謝冰瑩前後期思想變化及其成因〉
　　《安慶師範學院學報》2003 年 3 月第 22 卷第 2 期

吳寒〈謝冰瑩「女兵文學」論析〉《許昌學院學報》2004 年第 3
　　期

李夫澤　〈論謝冰瑩的女權思想 —— 一條扁擔撐一片天〉《湖南社
　　會科學・文教.歷史》2004 年第 4 期

劉潔〈文壇「武將」謝冰瑩新傳〉《求索》2004 年 9 月

　　　　（三）

　　王師更生〈論我國古今散文體類分合之價值原則及方法〉《孔
孟學報》第 54 期 1987 年 9 月 28 日出版

　　王師更生〈簡論我國散文的立體、命名與定義〉　《孔孟月刊》
第 25 卷第 11 期 1987 年 7 月出版

　　王師更生〈論中國散文的藝術特徵〉《教學與研究》第 9 期 1987
年 6 月出版

　　于培杰〈「主題」三議〉《文學評論叢刊》第 27 輯　北京中國社
會科學出版社 1985 年 12 月初版

　　韓麗梅〈巴金散文對自然、素樸、平實的追求〉《青島海洋大學
學報・社會科學版》1995 年第 2 期

　　朱堂錦〈素樸的魅力〉《文藝理論研究》1996 年第 5 期

　　呂天琳〈培植真正的散文精神〉《大高等專科學校學報》1999
年 9 月第 19 卷第 3 期

　　李福燕〈最是素樸動人情 —— 小議散文樸實之美〉《福建財會管
理幹部學院學報》1999 年第 1 期

三、學位論文

許琇禎《朱自清及其散文》師範大學國文所碩士論文　民國 79 年
　　（1990）5 月

鍾正道《張愛玲散文研究》東吳大學中研所碩士論文　民國 87 年
　　（1998）6 月

曾令蘭《沈從文散文研究》東吳大學中研所碩士論文　民國 87 年
　　（1998）6 月

張君慧《蘇雪林散文研究》東吳大學中研所碩士論文　民國 88 年
　　（1999）12 月